A PROMISE

Douglas W Anderson

A PROMISE

UNA PROMESA

✳

POEMS

Spanish Language Translation
by Ivan Mancinelli—Franconi PhD

Quaking Aspen Press
Sunriver, Oregon

First published 2013 by Quaking Aspen Press www.quakingaspenpress.com

A PROMISE : Poetry / English with Spanish Translation

Excerpt of one line from "Werki" from SECOND SPACE: NEW POEMS by CZESLAW MILOSZ. Translated by the author and Robert Hass. Copyright © 2004 by Czeslaw Milosz. Translation copyright © 2004 by Robert Hass. Reprinted by permission of HarperCollins Publishers.

Excerpt from Letters to a Young Poet by Rainer Maria Rilke, translated by M.D. Herter Norton. © 1934, 1954 by W.W. Norton & Company Inc., renewed © 1962, 1982 by M.D. Herter Norton. Used by permission of W.W. Norton & Company, Inc.

Cover Art by Jason Blackeye, Unsplash
Book Cover Design by Lieve Maas, Bright Light Graphics
Book Layout by Corinna Campbell-Sack
Back Cover Photograph by William M Wood Photography Sunriver, Oregon

Registration Number: TX 7-912-63

Printed in the United States of America

ISBN   978-1-7336226-2-2

✳

For Pamela, Janice, and Irene

"... the future enters into us in this way in order to transform

itself in us long before it happens."

Ranier Maria Rilke

"For there, as one has been, so one sees."

Czeslaw Milosz

Contents / Índice

Acknowledgment

My heartfelt thank you goes to those special people at Oregon Health and Science University who helped in many ways. Their humor kept me on course and focused. Their open doors, kindness, and affection for us whose work was to help with the very breath of life, made the experience successful.

To my wife Pam, who had enough faith in, and love for me, to support this effort. To our children Emily and Erik who are both busy anesthesiologists, but still able to give advice to their father about life. PJ too.

To my friend Graham Hicks who edited the manuscript, offered many suggestions, and whose friendship I cannot do without.

To Ivan Mancinelli—Franconi PhD who translated this volume. He is a beautiful man in spirit, with great talent and sensitivity, who has enriched my life.

And finally Larry Priano MD PhD, Mark Zornow MD, Jonathan Wu, Mike Hughes, Patricia Ann Love and Monique Tyler, whom all helped in many ways with this work. I shall never be able to repay their efforts.

Reconocimientos

Mis agradecimientos de corazón a aquellas personas especiales en Oregón Health and Science University, quienes ayudaron en diferentes formas. Su humor me mantuvo enfocado en el camino trazado. Sus puertas abiertas, amabilidad y cariño hacia nosotros, cuyo trabajo era ayudar con el propio aliento de la vida, hizo de la experiencia un éxito.

A mi esposa Pam, quien apoyó esta labor adecuadamente con su fe y amor. A nuestros hijos Emily y Erik, ambos quienes a pesar de estar muy ocupados con su residencia en anestesiología, todavía son capaces de darle consejos de la vida a su padre. A PJ, también.

A mi amigo Graham Hicks, quien editó el manuscrito, me hizo muchas sugerencias y cuya amistad me es imprescindible.

A Iván Mancinelli—Franconi, PhD, quien tradujo este volumen. Un hombre bello de espíritu, de gran talento y sensibilidad que ha enriquecido mi vida.

Y finalmente a Larry Priano, MD, PhD, Mark Zornow, MD, Jonathan Wu, Mike Hughes, Patricia Ann Love y Monique Tyler, quienes asistieron en diversas formas en esta obra. Nunca podré retribuir sus esfuerzos.

About the Spanish Translation

From the beginning my intention was to have this work translated into the Spanish language. The reasons were perhaps naive but well intended. First, the thought was if these poems could be translated as written into another language, and the intent and meaning were not lost, then I would have done my job for the reader. I don't know why I still have this in mind, but I do. Perhaps I am not sophisticated enough to know it may not be true. I don't really know. Second, we simply live in a diverse world. Most of our English language literature, prose and poetry, is just not available to non-English speaking persons, who would be interested if a translation of works were available. I know when I read a poem or prose in English that has been translated from another language, such as the Spanish language, I am grateful to the people who made the effort to do so. I am also grateful to have experienced another author's passion, deep feelings and understandings because the translation exists. Third, the mechanism of thought is not known, but out of it springs the art of expression in any language. This art of poetry, regardless of how it is expressed, has always been the reflection, as in a mirror, of who we are, helping us to be truthful to ourselves and others.

Douglas Anderson
Sunriver, Oregon
September 2012

Sobre la traducción al español

Desde el principio mi intención fue traducir este texto al español. Las razones eran quizás ingenuas pero bien intencionadas. Primero, la idea fue que si estos poemas pudiesen traducirse para el lector como si se hubiesen escrito en otro idioma, sin perder su intención y significado original, habría hecho entonces bien mi trabajo. No sé por qué todavía tengo este objetivo en mente, pero así es. Tal vez, no soy lo suficientemente sofisticado para comprender que esto no se puede lograr. Realmente no lo sé. Segundo, claramente vivimos en un mundo diverso. La mayoría de nuestra literatura en inglés-prosa y poesía, simplemente no está a la disposición para los que no hablan inglés, quienes se interesarían si una traducción de las obras estuviera a su alcance. Sé que cuando yo leo un poema o prosa en inglés que ha sido traducido de otro idioma, como el español, agradezco a aquéllos que hicieron el esfuerzo de traducirlo. También me siento agradecido de que exista la traducción, de haber experimentado la pasión, los sentimientos profundos y el entendimiento de otro autor. Tercero, no se conoce la mecánica del pensamiento, pero de éste sale el arte de la expresión en cualquier idioma. El arte de la poesía, sin importar como se exprese, siempre ha sido el reflejo, como en un espejo, de quiénes somos, y nos ayuda a ser honestos con nosotros mismos y con los demás.

Douglas Anderson
Sunriver, Oregón
Septiembre, 2012

There are promises of your presence at times in the hallway.
When you walk its length my emotions stir still.
A gold ankle bracelet twinkles and reflects the long
stride in your walk, while my breath holds.
Great desire, strength and anticipation well against all will,
in a clear sentient passion of your beauty.
Shoes, sandals, heels, all reveal nature's curves, depressions, promises,
to touch and covet your softness, there is no return.
When you feel sensitive, receptive as you repose,
your calf tells me it's time, wrapped firmly
in that instant of want and commitment,
secure in a desirous tangle of breathless attraction.

UNA PROMESA

Hay a veces promesas de tu presencia en el vestíbulo.
Cuando caminas toda su largura mis emociones aún se agitan.
Una pulsera de oro en el tobillo centellea y refleja los largos
pasos de tu caminar, mientras mi respiración se detiene.
Un gran deseo, fuerza y anticipación surgen contra toda voluntad,
en una clara y sensible pasión de tu belleza.
Zapatos, sandalias, talones, todos revelan las curvas,
depresiones y promesas de la naturaleza,
de tocar y codiciar tu suavidad, no hay vuelta atrás.
Cuando te sientes sensible, receptiva mientras reposas,
tu pantorrilla me dice que ya es hora, envuelto firmemente,
en ese instante de deseo y compromiso,
seguro en un deseoso enredo de atracción sin aliento.

Together we were, but for a moment,
and then we were never separated.
A virgin kiss awakening our roots,
moist, earthen, fruit of life.

I have mingled my blood with your blood.
In our veins we were united.
We were as free as the night stars,
when we surrendered into each other.

The silent breathing, heavy against
my chest, firm, close, joined,
the honey fragrance of your hair,

wet, intense, a pure scent
from the stream of our lives flowing
into, around and through our hands and heart.

JUNTOS ESTUVIMOS

Juntos estuvimos, sólo por un momento,
y entonces nunca más nos separamos.
Un beso virgen despertando nuestras raíces,
húmedo, de tierra, fruto de la vida.

He mezclado mi sangre con tu sangre.
En nuestras venas nos unimos.
Éramos tan libres como las estrellas de la noche,
cuando nos entregamos el uno al otro.

La respiración silenciosa, pesada contra
mi pecho, firme, cercana, unida,
la fragancia a miel de tu cabello,

mojado, intenso, un aroma puro
del arroyo de nuestras vidas manando
hacia el interior, alrededor y a través de nuestras manos y corazón.

Over the ocean's surf a breeze pushed through the door.
It ruffled the table cloth in the afternoon light,
shadowing the couple's resolve in love.
A prepared table set in the blue hue of August's desires,
as the sun prepares the Fall.

This was My Dream, My Miracle, My Wondrous Scene,
shucking grilled oysters, drinking fine white wine,
daydreaming in love, into the evening, dreaming into sleep,
listening to soft surf sounds causing us into
spoon shapes.

Sobre la espuma del océano una brisa se abrió paso por la puerta.
Alborotó el mantel de la mesa en la luz de la tarde,
ensombreciendo la determinación de la pareja en su amor.
Una mesa lista con matices azules del deseo de agosto,
mientras el sol alista el otoño.

Éste era Mi Sueño, Mi Milagro, Mi Cuadro Maravilloso
Abrir ostras asadas, beber fino vino blanco,
soñar despierto y enamorado, hacia la tarde, soñando hasta dormirnos,
escuchando el suave sonido del romper de las olas que nos transmuta en
formas de cuchara.

THE NIGHT STEALS

The night steals my sleep in a
dream like awakening,
from twilight till dawn.

The pain in that dream is of parting;
deep, visceral, agonizing, racing by the moon's rise,
to awaken only to the slight light of the dawn,

merely to see the day in sadness,
shaking out the voices, demons,
the constant schizophrenic chatter,

crying everywhere, whimpering, wailing,
weeping, a hand helplessly on the floor
in a heap of moist rose petals, grasping for sense.

The wound's pain comes forth, flowing
in the ocean of tears, in the sky
as red clouds, in my heart as sadness.

I have poured my soul into your life,
filling the cup and cannot stop it flowing,
season, into season, into season.

LA NOCHE ROBA

La noche roba mi sueño en un
despertar soñoliento,
del crepúsculo hasta el alba.

El dolor en ese sueño es el de la partida:
profundo, visceral, agonizante, se apresura
      con la salida de la luna,
para despertar sólo a la leve luz de la alborada

simplemente para ver el día en tristeza,
sacudiendo las voces, los demonios,
el constante parloteo esquizofrénico

llorar por doquier, gimotear, gemir,
llorar, una mano indefensa en el suelo
en un montón de húmedos pétalos de rosas,
      buscando significado.

El dolor de las heridas brota, fluye
en el océano de lagrimas, en el cielo
como nubes rojas, en mi corazón como tristeza.

He vertido mi alma en tu vida,
llenando el vaso y no puedo parar su caudal,
de estación a estación, a estación.

You are the reason I wake up in the morning.
You are the reason I dream with the stars at night.
You comfort me, you play gently with me,
but it wasn't always that way.

The wind was between us once,
carrying our voices off into the desert.
You saw only my image, a mirage.
I saw only your image, a flower.

Changing images of the unknown in time,
the dream of you, the hug that wouldn't let go,
awakened the soul

into accepting nothing less than
the love that would give it life.
Oh! The sweet Plumeria blossom.

EL DESPERTAR DEL ALMA

Tú eres la razón por la que despierto en la mañana.
Tú eres la razón por la que sueño con las estrellas en la noche.
Tú me reconfortas, juegas suavemente conmigo,
pero no siempre fue así.

El viento estuvo entre nosotros una vez,
llevándose nuestras voces hacia al desierto.
Tú viste sólo mi imagen, un espejismo.
Yo vi sólo tu imagen, una flor.

Imágenes cambiantes de lo desconocido del tiempo,
el sueño que eres tú, el abrazo que no quería soltarse,
despertó el alma

para que aceptase nada menos que
el amor que le daría vida.
¡Oh! La dulce flor del jazmín de las Antillas.

There were soft winds that day
buffeting the streaming palm leaves.
The trees were like giant undulating tusks,
tuned to the soft sunlit waves.
Oh! The precious time we have.

On the long deserted beach we covered ourselves in sand,
making love to the life we shared, hand and heart,
accepting to the depths of your womb, my life's blood.
Sun, sea, shells, quiet surf sounds, eternity,
time with you in the wind and sand.

The afterglow of our shapes in the moon's night sky,
shooting stars, Taurus, Gemini, the Universe,
some of that day was a dream as night fell,
some of that night is part of my soul.
Love, wind, sand, you are with me in life.

HABÍA VIENTOS SUAVES

Había vientos suaves ese día
que sacudían las frondosas hojas de las palmeras.
Los árboles eran como gigantes colmillos ondulantes,
en armonía con las suaves olas bañadas de sol.
¡Oh! El valioso tiempo que tenemos.

En la larga playa desierta nos cubrimos con arena,
haciendo el amor a la vida que compartíamos, mano y corazón,
aceptando hasta lo más profundo de tu matriz, la sangre de mi vida.
Sol, mar, caracolas, silenciosos sonidos de las olas, eternidad,
el tiempo contigo en el viento y la arena.

El arrebol de nuestras formas en el cielo nocturno de la luna,
estrellas fugaces, Tauro, Géminis, el Universo,
algo de ese día era un sueño mientras la noche caía,
algo de esa noche es parte de mi alma.
Amor, viento, arena, estás conmigo en la vida.

JONATHAN WU

I know not where you come from,
or where you have been.
I know who you are, lucid and clear.
That is your heart and soul, you know.

You are a man as I am, you are a thousand men.
How is it I see a hundred thousand men in you, Jonathan?
Kings, Queens, Potentates of ages past
have never ruled men like you.

You are a handsome man.
I'll bet you look good in a suit.
But there is that side of you,
the surfer, the gentle, normal guy.

The Jonathan who never asks many things,
because you know they are not important,
that is, that which doesn't matter in a man.
That is the blood in your veins.

He said, in everything he said,
I am looking for a friend among friends,
who is the truth. I'm dying you know.
Jonathan, I'm dying, too.

He said, I am looking for the master you know,
I am no longer the master,
I may not find the master,
but I have found his path.

It is well lit,
for me, for us all,
in ourselves.
Come with me, friend.

JONATHAN WU

No sé de dónde provienes
o dónde has estado.
Sé quién eres, lúcido y claro.
Así es tu corazón y alma, y tú lo sabes.

Tú eres un hombre como yo, tú eres un millar de hombres.
¿Cómo es que veo a cientos de miles de hombres en ti, Jonathan?
Reyes, Reinas, Potentados de épocas pasadas
jamás han gobernado a hombres como tú.

Tú eres un hombre hermoso.
Apuesto que luces bien en un traje
Pero hay ese lado tuyo
el surfista, el apacible tipo normal.

El Jonathan que nunca pregunta muchas cosas,
porque sabes que no son importantes,
es decir, lo que no importa en un hombre.
Ésa es la sangre en tus venas.

Él dijo, entre todo lo que dijo,
busco un amigo entre los amigos,
que sea la verdad. Me estoy muriendo, sabes.
Jonathan, yo también me estoy muriendo.

Él dijo, busco al maestro que tú conoces,
ya no soy el maestro,
puede que no encuentre al maestro,
pero he encontrado su camino.

Está bien iluminado,
para mi, para todos nosotros,
en nosotros mismos.
Ven conmigo, amigo.

LOVE IN THE MODERN WORLD

Love in the modern world.
We have so many barriers
against the pursuit,
you cannot be flattered, complimented or merrier.

The office door is always open,
but don't cross the line.
Please come in and sit down,
but say what I want you to say; that is fine.

How is it perceived, amorous affections,
in the mind of the given, from the giver's heart?
I will use this email against you if you start.

Where are we in this world, if from the heart
we cannot move to the tune of our soul
to be free, to be who we are, to extol?

AMOR EN EL MUNDO MODERNO

Amor en el mundo moderno.
Tenemos tantas barreras
contra la búsqueda,
no se puede ser adulado, felicitado o más feliz.

La puerta de la oficina está siempre abierta,
pero no cruces la línea.
Entra por favor y siéntate,
pero di lo que yo quiero que digas; así está bien.

¿Cómo se perciben las demostraciones de amor,
en la mente del que ha dado, del corazón de quien da?
Utilizaré este correo electrónico en tu contra
si comienzas a hacerlo.

¿Dónde estamos en este mundo, si de corazón
no podemos movernos al compás de nuestra alma
para ser libres, para ser quiénes somos, para alabar?

THERE WERE MANY TIMES

There were many times we wrapped
our arms around each other
and you would not let me go.
We turned in a circle as one.

Together we were within each other.
Your kisses so full, tender lips, scents
of honey, oranges, and sweetness,
full breasts pressed firmly into my chest,

knees bent so our thighs
could press full length and
focus our hips in unison,

slightly swaying to the rhythm
of our breathing, inhaling each other's
life force, pulsing from our hearts.

FUERON MUCHAS VECES

Fueron muchas las veces que
nos abrazamos fuertemente
y tú no me soltabas.
Dábamos vuelta en círculo como si fuésemos uno.

Juntos estábamos el uno dentro del otro.
Tus besos tan llenos, labios tiernos, aromas
de miel, naranjas y dulzura,
tus senos llenos, presionados firmemente contra mi pecho,

las rodillas dobladas para que nuestros muslos
se presionasen uno contra el otro en su totalidad y
se enfocasen nuestras caderas al unísono,

meciéndonos levemente al ritmo
de nuestra respiración, inhalando
la fuerza vital, que pulsaba de nuestros corazones.

Every night I say good night to you,
taking you, in a deep breath to
my lungs and heart, filling my
body with simple sentiment, the
right sense of how I feel.

Facing my mind's image of you,
arms poised next to my heart,
hands in unity, bowed in deference
to all the feelings and deeds that
kept us together for so long.

We did look outward from ourselves
to the light of the future that
reflected back on us like two disciples,
innocent and faithful, each
ready to receive the blessing.

I say goodnight to you my love,
in the only way I know how
acquiescing, caressing.

CADA NOCHE

Cada noche te digo buenas noches,
absorbiéndote, en una respiración profunda a
mis pulmones y corazón, llenando mi
cuerpo con simple sentimiento,
la precisa sensación de cómo me siento.

Enfrentar la imagen tuya en mi mente,
los brazos posados junto a mi corazón,
las manos unidas, inclinado en deferencia
a todos los sentimientos y actos que
nos unieron por tanto tiempo.

En realidad miramos al exterior de nuestro ser
a la luz del futuro que
se reflejaba en nosotros como dos discípulos,
inocentes y fieles, cada uno
listo para recibir la bendición.

Te digo buenas noches mi amor
de la única manera que sé hacerlo
accediendo, acariciando.

MY HOME IN YOUR HEART

You are in me and I am in you,
fused, inside, diffuse,
annealed, melded, wrapped, folded, joined.

I am at home in your heart,
a space you have reserved just for me.
Yep, to bump and thump, to let you know

I am there. No trouble loving you,
because you allow me to have
my home in your heart.

MI HOGAR EN TU CORAZÓN

Tú existes en mí como yo en ti,
fusionados, metidos, difusos,
sellados, fundidos, envueltos, plegados, unidos.

En tu corazón, me siento en casa,
un espacio que has reservado sólo para mí.
Sí, pum, catapún, para avisarte que

allí estoy. No es ninguna molestia amarte,
porque me dejas poner
mi hogar en tu corazón.

I was silent for three years
following in the path of your small footsteps,
breathing deep the soft movement of air,
left in the wake of your flowing hair.

It was easy to laugh at your-isms, said with
the confidence of a young mother tending her child,
attracted to your beauty and grace,
simply sensing the point of no return.

When the effect happens, untoward
emotions surface, opening the heavens in
hope of our passage together,

in the light of love where
there are no shadowy scenes,
to follow our footsteps.

Estuve en silencio por tres años
siguiendo la huella de tus pequeños pasos,
respirando profundamente el movimiento suave del aire
que dejaba el vaivén de tus cabellos.

Era fácil reírse de tus-ismos, que decías con
la confianza de una madre joven que atiende a su hijo,
atraído por tu belleza y elegancia,
simplemente siento un punto sin retorno.

Cuando el efecto ocurre, inconvenientes
emociones emergen, abren los cielos
con la esperanza de nuestra travesía juntos,

en la luz del amor donde
no hay imágenes tenebrosas
que sigan nuestros pasos.

Connie, we are forever joined.
Ms. Allen smiled approvingly at my efforts.
Mr. Transue helped me believe in
libraries and Aristotle.
Mr. Cotton helped me with patience and confidence.
Mr. West gave me a chance.
Dr. Holt helped me with Plato and Socrates.

Sir John explained what history is.
Dr. Rassekh helped me with the idea of
righteousness and self-righteousness.
Dr. Baum allowed me to believe in poets.
Dr. Stafford opened the pathway into the forest,
helped me enter with the protection of light
where I went so gentle.

Dr. Howard sensed my peril and lifted
me to such heights with his strength.
Dr. Rickles pointed me in the right direction.
JoAnn gave birth to Emily and Erik.
Norm respected and
had faith in me.
Betty loved me for who I was.

Charlie taught me what was right to do.
Jerry and I were one in
spirit in the operating room.
Wendell believed in me.
Larry was and is my friend.
Roger taught me faith in life.
Pam taught me how to love and live.

EN ALGÚN LUGAR A LO LARGO DEL CAMINO

Connie, estamos unidos eternamente.
La señorita Allen sonrió en apruebo de mis esfuerzos.
El señor Transue me ayudó a creer en
bibliotecas y Aristóteles.
El señor Cotton me ayudó con paciencia y confianza.
El señor West me dio una oportunidad.
El doctor Holt me ayudó con Platón y Sócrates.

Sir John explicó lo que es la historia.
El doctor Rassekh me ayudó con la idea
de la rectitud y la superioridad moral.
El doctor Baum me permitió creer en los poetas.
El doctor Stafford abrió el camino hacia el bosque,
ayudándome a entrar con la protección de la luz
adonde fui tan apaciblemente.

El doctor Howard presintió mi peligro y me levantó
a grandes alturas con su fuerza.
El doctor Rickles me encaminó en la dirección correcta.
JoAnn dio a luz a Emily y a Erik.
Norm me respetó y
tuvo fe en mí.
Betty me amó por ser quién era.

Charlie me enseñó a hacer lo correcto.
Jerry y yo éramos un solo
espíritu en la sala de operaciones.
Wendell creyó en mí.
Larry fue y sigue siendo mi amigo.
Roger me enseñó a tener fe en la vida.
Pam me enseñó a amar y vivir.

Per Olof cried with me.
Mark trusted me.
Judge and I played together.
Lars and Ola
watched over me.

Perry said goodbye, my friend.
God Bless the Es* in my life.

John Pachot, a colleague with whom I grew up
and played baseball,
was the only one to hit a home
run off my pitching.

These were the ones who would
not let me stand alone at the entrance
to the unknown forest. I was lucky
to have been helped by such people.
They kindled, enlightened and
shaped my preparation of becoming,
beckoning my journey.

There were many small towns
I also passed through.
Never did I intentionally leave
poor sentiments, perhaps ruffled
some feathers, some deserved,
some because there was no light
to guide the way.

There was only the song of the
thrush as heard in coming home.
Fear keeps a few from entering the forest,
and they shall never travel that journey.
I was there for a while, reticent, on the
outside, until helped by one who "caught the light"
to find my way. But!

*Family name

Per Olof lloró conmigo.
Mark confió en mi.
Judge y yo jugamos juntos.
Lars y Ola me vigilaron.

Perry dijo adiós, mi amigo.
Que Dios bendiga a la familia Es*
    por ser parte de mi vida.

John Pachot, un colega con quien me crié
y jugué al béisbol,
fue el único que logro cuadrangular
con mi lanzamiento.

Todos ellos fueron los que no me
dejaron parado, solo en la entrada
del bosque desconocido. Tuve la suerte
de recibir su ayuda.
Ellos encendieron, aclararon y
moldearon en preparación de mi ser,
convocando mi travesía.

Hubo muchos pueblitos
por los cuales también pasé.
Nunca dejé intencionalmente
malas impresiones, quizás irrité
a algunos, unos lo merecían,
otros no, ya que no había luz
que guiara el camino.

Había sólo la canción del
zorzal como se oía en el retorno a casa.
El miedo evita que algunos entren al bosque,
y ellos nunca emprenderán ese viaje.
Yo estuve ahí por un rato, reservado, en las
afueras, hasta que uno que "atrapó la luz" me ayudó
a encontrar mi camino. ¡Pero!

*Apellido familiar

Somewhere along the way
I missed a red head
with her military walk.
I know had I seen her
I would have run after her like the wind,
and she who turned away a thousand men
would have chosen me.

But youth never gets a second chance,
just many stops along the way,
until we are older and definite,
then we can choose wisely.
If not, then we take our place among
the thousands of men still trying,
scattered with the suns and distant stars.

But if I'm really lucky
and chance to meet that red head again,
I shall chase after her like the wind.
And she, like that one beautiful
feminine shining tree in the forest,
turning to face the world,
will caress and shape me.

Words and language will never suffice
between us. First will come
emotion and understanding, second trust,
third intimacy, fourth clear denial and
fifth separation, until the
recognition of what the balance of
her life is to be.

Then will come the journey, this time
not of becoming or rite of passage,
but one still of the unknown,
without fear or reticence, being together,
joined, true, forever forgiven, redeemed.
If not, I shall make the journey alone,
remembering the many points on my compass.

En algún lugar a lo largo del camino
no me fijé en una pelirroja
que caminaba con paso militar.
Sé que si la hubiese visto
habría corrido tras ella como el viento,
y ella la que rechazó a mil hombres
me habría elegido a mí.

Pero la juventud nunca recibe una segunda oportunidad,
sólo muchas escalas a lo largo del camino,
hasta que envejezcamos y nos definamos,
entonces podemos elegir sabiamente.
Si no, entonces tomamos nuestro lugar entre
los miles de hombres que todavía intentan,
dispersos por los soles y las estrellas distantes.

Pero si realmente soy afortunado
y por casualidad me vuelvo a encontrar con esa pelirroja,
correré tras de ella como el viento.
Y ella, como aquel hermoso
árbol brillante y femenino en el bosque,
que se da vuelta para enfrentar al mundo,
me acariciará y me moldeará.

Las palabras y el lenguaje nunca serán suficientes
entre nosotros. Primero vendrán
la emoción y la comprensión, segundo. la confianza
tercero, la intimidad, cuarto, el claro rechazo y
quinto, la separación, hasta el
reconocimiento de lo que queda, de
lo que será su vida.

Entonces vendrá el viaje, esta vez
no el de la conversión o del rito de iniciación
sino uno aún desconocido,
sin miedo o reticencia, estar juntos,
unidos, verdaderos, perdonados para siempre, redimidos.
Si no, haré el viaje solo,
recordando los varios puntos en mi brújula.

It's quiet now, but earlier,
rain came over the horizon and
the high storm sounds muffled
the crackling of the wood fire
settling the stillness of the pain
feeling in my tummy when I began
to sleep alone without you.
I remember you snuggling against
my back, pressing our bodies
into each other, the presence of
your pleasure in bed,
the sense of touch, wrapping
your arms around my shoulders, caressing,
both covered in our cocoon.
Quiet crying now helps the senses
into a half spoon shape.

HAY SILENCIO AHORA

Hay silencio ahora, pero más temprano,
la lluvia llegó del horizonte y
los sonidos altos de la tormenta ahogaron
el chisporroteo de la fogata
que calmó la quieta sensación de dolor
en mi estómago cuando comencé
a dormir solo, sin ti.
Recuerdo que te acurrucabas contra
mi espalda, al presionar nuestros cuerpos
uno contra el otro, la presencia de
tu placer en la cama,
el sentido del tacto, al cobijar con
tus brazos mis hombros,
ambos cubiertos en nuestro capullo.
El silencioso sollozo ahora ayuda a nuestros sentidos
a transformarse en media cuchara.

The light was fading from the sky,
that quiet time between dusk and dark.

It had rained throughout the day,
sometimes pouring cats and dogs.

But now, looking away from the fire, the room,
well, it just seemed cold.

I had wrapped myself in the old
throw from the couch since morning.

It kept some of me warm sitting
on the hearth watching the flames.

Nothing was satisfying that grey day;
wisdom in the books couldn't even help.

The embers glowed and the occasional flame
would flicker, haunting the room with your shadows,

remembering.

La luz se desvanecía en el cielo,
esa hora silenciosa entre el crepúsculo y la oscuridad.

Había llovido todo el día,
a ratos llovía a cántaros.

Pero ahora, al desviar la mirada del fuego, el cuarto,
pues, me pareció frío.

Me había envuelto en el viejo
chal del sofá desde la mañana.

Mantuvo parte de mí, cálido, sentado
frente a la chimenea mirando las llamas.

Nada me satisfacía ese día gris;
Ni la sabiduría de los libros me podía ayudar.

Las brasas brillaban y la esporádica llama
destellaba, embrujando el cuarto con tus sombras,

al recordarte.

The first thing I noticed about you
was your hands. You were
embarrassed to reveal them,
always folding one over the other
on the table, trying to hide
their beauty because you
didn't think they were beautiful.
They became my life and reason to live.

Your one hand on my face with kindness,
on my chest sensing my heart,
around my neck loving me,
under my arm leading me,
around my waist making love,
in my hand telling me you love me,
catching my tears when it hurt,
on my hips moving me slowly.

On my thighs desiring me,
on my legs feeling my body,
in erotic ways chasing my passion,
holding me when I'm in ecstasy,
over my lips when I'm blind with passion,
combing my hair when I'm unkempt,
reaching to touch me, to connect,
caressing my hands when I'm insecure.

One hand on my tummy telling
me it's alright, the other on
my back comforting me,
rubbing my hips on the sides telling
me its time to come to you,
locked over my shoulders
pressing down as your knees
bend to touch my thighs.

TU ROCE

Lo primero que noté de ti
fueron tus manos. Tenías
vergüenza de mostrarlas,
siempre dobladas una sobre la otra
en la mesa, tratando de ocultar
su belleza porque
no creías que eran hermosas.
Se convirtieron en mi vida y mi razón de vivir.

Una de tus manos en mi cara con amabilidad,
en mi pecho sintiendo mi corazón,
alrededor de mi cuello amándome,
bajo mi brazo guiándome,
alrededor de mi cintura haciendo el amor,
en mi mano diciéndome que me amas,
atrapando mis lágrimas cuando sentía dolor,
en mis caderas moviéndome lentamente.

En mis muslos deseándome,
en mis piernas sintiendo mi cuerpo,
de manera erótica siguiendo mi pasión,
sosteniéndome cuando estoy en éxtasis,
sobre mis labios cuando estoy ciego de pasión,
peinándome cuando estoy despeinado,
tratando de tocarme, para conectarnos,
acariciando mis manos cuando me siento inseguro.

Una mano en mi estómago diciéndome
que todo está bien, la otra en
mi espalda confortándome,
frotando mis caderas por los lados diciéndome
que ya es hora de venir a ti,
enlazada sobre mis hombros
presionando hacia abajo mientras tus rodillas
se doblan para tocar mis muslos.

Curling over my pelvis in spoon shapes,
hanging on my shoulders from behind,
touching me so often I can't count the ways.
Your one hand knows me
better than anyone.
When I fell in love with you
it was your hand, your touch, that
went straight to my passion and soul.

This is what is in a hand:
the knowing, the expression
of love, the erotic, the sense
of biology, the expression of
spirit, the connection, the feel,
the reaching out to touch,
to caress, to make right, to believe.

The hand, your hand, your
hand upon my face, the trust,
the union, the oneness we all
live for, the creation
in us all.

The creation of me from you,
that is what your hand is to me,
giving me life and a reason to live.

But most important it is your
hand whose touch always has the
choice in thought and act, to
give life with no fear to those
who want to love you and be a
part of your life as you have
desired for so long.

Curvada sobre mi pelvis en forma de cuchara
colgándose de mis hombros por detrás
tocándome tantas veces que ni las muchas formas puedo contar.
Una de tus manos me conoce mejor
que cualquier persona.
Cuando me enamoré de ti
fue tu mano, tu tacto, que
fue derecho a mi pasión y a mi alma.

Esto es lo que hay en una mano:
el saber, la expresión
del amor, lo erótico, el sentido
de la biología, la expresión del
espíritu, la conexión, la sensación,
el deseo de tocar,
de acariciar, de enmendar, de creer.

La mano, tu mano, tu
mano sobre mi cara, la confianza,
la unión, la unificación por la que todos
vivimos, la creación
en todos nosotros.

La creación de mí por ti,
es lo que tu mano es para mí,
dándome vida y razón de vivir.

Pero lo más importante es tu
mano cuya caricia siempre
puede, en el pensamiento y en el acto,
dar vida sin temerles a aquellos
que desean amarte y ser
parte de tu vida como tú lo has
deseado por tanto tiempo.

We were dressed like stuffed little
penguins when walking
along the beach. To me you were
always the most beautiful woman.

No matter how upright and tippy we looked
in those days, we were never apart any
farther than our hands could hold.
Our hearts were even closer.

ERGUIDOS E INCLINADOS

Estábamos vestidos como pequeños
pingüinos de peluche cuando caminábamos
por la playa. Para mí tú eras
siempre la mujer más hermosa.

Sin importar cuan erguidos e inclinados nos veíamos
en esos días, nunca estuvimos más separados
que el alcance de nuestras manos.
Nuestros corazones estaban aún más cercanos.

The child within the heart of the mother
is awakened in her spiritual virgin birth,
and grows to transcend experience.
Her son, whose birth is the purpose of God,
grows up in her service and devotion.

Some time later,

The child within the heart of the mother grows up
and is a force of the instinct and
knowledge of the inward truth.
Her son, now in recognition of her,
grows spiritually and is released

from desire and fear.

The three never part
from birth through death.

EL NIÑO

El niño dentro del corazón de la madre
se despierta en su nacimiento espiritual virgen,
y crece para trascender la experiencia
Su hijo, cuyo nacimiento es el propósito de Dios,
crece para su servicio y su devoción.

Un tiempo después,

El niño dentro del corazón de la madre crece
y es una fuerza del instinto y
del conocimiento de la verdad interna.
Su hijo, ahora en reconocimiento de ella,
crece espiritualmente y se libera.

del deseo y del miedo.

Del nacimiento hasta la muerte
los tres nunca se separan.

WHEN THE SNOWS COME

When the snows come in the winter
there is quickness in the air.
Anticipation of good things from the heart teem,
and the elk look back at you feeling frisky,

prancing the forest floor as if it were
a soft carpet, nipping the most ardent
at play in the haunches and seeing the
young bulls act like boys chasing each other.

But God has a special plan for these times.
When the snow flakes fall in the evening,
he wants you to snuggle by the fire,
and remember when you were a kid when it snowed.

When the snow flakes fall in the morning
he wants you to make a snowball,
play with the children,
and take a sled ride down a hilly road.

But most of all he wants you
to see the beauty of his work.
He wants you to go to your heart's desire.
He wants you to be with the one you love.

CUANDO LLEGAN LAS NIEVES

Cuando llegan las nieves en el invierno
hay una rapidez en el aire,
La anticipación de cosas buenas del corazón late
y los alces vuelven su mirada a ti, juguetones,

hacen cabriolas sobre el suelo del bosque como si fuera
una suave alfombra, mordisquean
en sus ancas de puro juego al más ardiente,
y ven a los jóvenes alces comportarse como niños persiguiéndose.

Pero Dios tiene un plan especial para esta temporada.
Cuando los copos de nieve caen al atardecer,
él quiere que te acurruques junto al fuego,
y que recuerdes cuando eras niño y nevaba.

Cuando los copos de nieve caen por la mañana
él quiere que hagas una bola de nieve,
que juegues con los niños,
y que pasees en trineo por un camino con colinas.

Pero más que todo, él quiere
que veas la belleza de su obra.
Él quiere que vayas a todo lo que deseas de corazón.
Él quiere que estés con la que amas.

I

You are the most important
person in my life.
I want you to live the truth.

When you took yourself from me
and you knew just when to,
I could see it coming.

There was nothing in nature's way,
nothing in the voices of sleep,
nothing that said the morrow,

and nothing in the seeds
of affection you sowed, watered
and cultivated in the good earth

of our time together in
the sun, flowers, beautiful
roses and the spring dogwood.

There was nothing in the
rising up of the daffodil or
the unfolding beauty of the tulip,

in the delicate apple blossoms,
or the pear flowers both
bringing forth life's fruit.

You saw nothing in the warm
sun's rise of its springtime azimuth
over your creek and forest

I

Tú eres la persona más importante
en mi vida.
Quiero que vivas la verdad.

Cuando te apartaste de mí ,
y sabías precisamente cuándo,
yo presentía lo que venía.

No había nada en la manera de la naturaleza,
nada en las voces del sueño,
nada que presagiara el mañana,

y nada en las semillas
del cariño que tú sembraste, regaste
y cultivaste en la buena tierra

de nuestro tiempo juntos en
el sol, las flores, las bellas
rosas y el cornejo de la primavera.

No había nada en el
florecer del narciso ni
belleza en el despliegue del tulipán,

ni en las delicadas flores del manzano,
ni las flores del peral ambos
entregando el fruto de la vida.

Tú no viste nada en la cálida
salida del sol de su acimut primaveral
sobre tu arroyo y bosque

that told you with any message
of love that you were cared for at home,
except through the eyes of your son.

There was nothing in the warm
sentiments and loving touches that
said to me what you were going to do,

even in the clasp hands of
togetherness, the tight hugs that
brought a bounty of emotion,

even loving each other
in strong passion and caring,
there was not a hint or doubt.

I have cared for you as no man
has or ever will care for you.
Our hearts met in a soulful embrace.

No one will again ever see
you and me until we are
plowed into the moist earth of peace,

as we were in love, together, embraced,
 buried in each other's heart,
knowing we left yesterday's fears

behind in all their wood-splintered forms,
and until you have the courage
to caress and shape me.

There is no stronger tendency
than to want to live the truth
without fear or remorse,

as my heart has settled upon.
I want to live the truth.
My roots are without doubt.

que te dijera con cualquier mensaje
de amor que te cuidaban en la casa,
excepto a través de los ojos de tu hijo.

No había nada en los cálidos
sentimientos y las cariñosas caricias que
me dijeran lo que ibas a hacer,

incluso entre las manos apretadas
en unión, los abrazos apretados que
traían una abundancia de emociones,

incluso amándonos
en una pasión fuerte y cariñosa,
no había ni una señal ni una duda.

Te he cuidado como ningún hombre
te ha cuidado y te ha de cuidar.
Nuestros corazones se encontraron en un abrazo del alma.

Nunca nadie volverá a vernos
Ni a ti ni a mi hasta que
nos entierren en la tierra húmeda de la paz,

como cuando estábamos enamorados, juntos, abrazados,
enterrados en nuestros corazones,
sabiendo que dejamos atrás los miedos del ayer

en todas sus formas de maderas-astilladas,
y hasta que tengas el valor
de acariciarme y moldearme.

No hay tendencia más fuerte
que el deseo de vivir la verdad
sin miedo ni remordimiento,

como mi corazón lo ha determinado.
Deseo vivir la verdad.
No hay duda en mis raíces.

II

There were hints that my
passion took for hesitation,
duplicity and reticence.

At first the answer was always no,
then it seemed harmless to you,
finally you enjoyed our time together.

What you didn't expect to do was fall in love,
to meet your truth,
to have a man love you for who you are,

a lifelong desire since a teen birth
left you abandoned, and the
child within you could not grow.

When it came time to honor
your parents with flowers and
confessions, you said no.

I had a confession of my own
sealed for forty two years.
It was the flowers of forgiveness

placed on your parents graves that
would have opened the door to the
forgiveness we both wanted for each other.

I wanted to confess to you
but you were afraid, sensing
your own guilt without a face.

My guilt had a face.
He was twelve years old when he died.
I carry him in my heart as you do yours.

II

Habían señales que mi
pasión se tomó como vacilación,
duplicidad y titubeo.

Al principio la respuesta era siempre no,
entonces te pareció inofensivo,
finalmente disfrutabas el tiempo compartido.

Lo qué no esperabas era enamorarte,
encontrarte con tu verdad,
tener a un hombre que te amara por ser quien eres,

un deseo de por vida desde un nacimiento adolescente
te dejó abandonada, y el
niño dentro de ti no podía crecer.

Cuando llegó la hora de honrar
a tus padres con flores y
confesiones, dijiste: "No."

Yo tenía una confesión propia
sellada por cuarenta y dos años.
Eran las flores del perdón

puestas en el sepulcro de tus padres
que habrían abierto la puerta al
perdón que ambos deseábamos el uno para el otro.

Deseaba confesarme contigo
pero tenías miedo, al percibir
tu propia culpabilidad sin rostro.

Mi culpabilidad tenía rostro.
Él tenía doce años cuando murió.
Lo llevo en mi corazón como tú llevas al tuyo.

III

When you left there was no chance
of confession, embrace or truth.
Fear ruled in the guise of religion.

Religion is a debt that can never be paid,
only seeking continual absolution,
and forcing the human spirit to death.

I'm sure God didn't plan it this way.
Only man and convention could, those
who do not know happiness.

Those with schizophrenic passions
and compulsions, the self righteous,
you enabled them to rule your life,

with rules and regulations
of morality, vows, honor, society,
job, fear and conformity.

I could see how you interpreted
obsession, but I was not compulsive.
Desirous yes. I did not resist.

You were free to move about.
It surprised you to reject
at will, with no resistance.

Sometimes there was evidence:
the eyes—never the hands or body—
the eyes always betrayed you.

I loved you for who you were
and I accepted every part of you,
knowing you did not understand.

III

Cuando te fuiste no hubo una oportunidad
para confesión, abrazo o verdad.
El miedo gobernaba disfrazado de religión.

La religión es una deuda que nunca se puede pagar,
sólo buscando continua absolución,
y forzando al espíritu humano a la muerte.

Estoy seguro que Dios no lo planeó así
Sólo el hombre y la convención pudieron hacerlo, aquellos
que no conocen la felicidad.

Aquellos con pasiones y compulsiones
esquizofrénicas, los santurrones,
tú les permitiste que rigieran tu vida,

con reglas y reglamentos
de moralidad, votos, honor, sociedad,
trabajo, miedo y conformidad.

Podía ver cómo interpretabas
la obsesión, pero no era compulsivo.
Deseoso, sí. No me opuse.

Eras libre de moverte por todas partes.
Te sorprendió rechazar
a voluntad, sin resistencia.

A veces había evidencia:
los ojos—nunca las manos ni el cuerpo—
los ojos siempre te traicionaban.

Te amé por ser quién eras
y acepté cada parte de ti,
sabiendo que no me entendías.

I was willing to be wounded,
to share a short time
with the one person I loved so much.

Loved so much for a long time,
keeping silent, embracing my
loneliness and responsibilities without feeling.

You said in the end,
"Maybe I made the wrong decision."
I believe you did!

But if you believe in your heart,
if you know my heart is true,
if you believe in both of us,

the night stars in heaven
will blanket us in a
spirit of solemn forgiveness.

The noon's brilliant sun will
covet our hearts and seal our fates
together in the center of the rose.

If not, what has encircled your life
shall remain, and never again will you hear
the song of the perched thrush in your journey.

Estaba dispuesto a que me hirieras,
para compartir un breve instante
con la única persona que amaba tanto.

Que amé tanto por mucho tiempo,
manteniéndome en silencio, abrazando mi
soledad y responsabilidades sin sensaciones.

Tú dijiste al final,
"Quizá tomé la decisión equivocada."
¡Creo que sí!

Pero si crees en tu corazón,
si sabes que mi corazón es sincero,
si crees en nosotros dos,

las estrellas de la noche en el cielo
nos cubrirán en un
espíritu de solemne perdón.

El sol brillante del mediodía
codiciará nuestro corazón y sellará nuestro destino
juntos en el centro de la rosa.

Si no, lo qué ha rodeado tu vida,
permanecerá y nunca más oirás
la canción del zorzal posado en tu sendero.

Dawn approaches. The gradual widening
arc of the white terrestrial skyline
lifts the morning higher.

That conversation with you
happens once again in my mind.
Speaking softly we still echo to

the tree tops on the near
horizon. It's fall and crisp cold this
time of day. No wood fire yet,

just the impersonal glow
behind the clouds
scattered from one end

of the sky to the other.
It's peaceful, quiet, almost silent,
except the meadowlarks and swallows

carrying on their morning conversation, too,
chasing each other in and out
of the dry locust trees.

We always started to converse, jumbled at first,
reciting a litany of I love you's.
There soon was a balance, a center to it.

It was like that when we
were together, giving to each other, feeling
the same sense as an early morning naked hug,

TEMPRANO EN LA MAÑANA

Se acerca el alba. El gradual ensanchamiento
del arco blanco en el horizonte terrenal
alza aún más alta la mañana.

Esa conversación contigo
sucede una vez más dentro de mí.
Aun al hablar suavemente hacemos un eco

en la cima de los árboles del cercano
horizonte. Es otoño y hace un frío crujiente a estas
horas del día. No hay fuego de leña aún,

sólo la luz impersonal
detrás de las nubes
esparcidas de un extremo

del cielo al otro.
Está tranquilo, callado, casi silencioso,
excepto las alondras y golondrinas

que sostienen su conversación matutinas, también
mientras se persiguen unas a otras
por entre las acacias secas.

Comenzábamos siempre a conversar, desordenados al principio,
recitando una letanía de "te quieros."
Pronto se alcanzaba un equilibrio, su centro.

Era así cuando estábamos
juntos, dándonos el uno al otro, sintiendo
la misma sensación como una abrazo desnudo de madrugada,

sensuous, surprising pleasure, connected,
comfortable, joined, touching all over.
We listened to the voices within. We did.

Never failing to hear what each was
saying, we were one in love.
There are many tears now.

We felt deeply about life and understood it,
seeing each clearly in the early light of day,
breathing in the new dawn's air.

As we started our days together we
never looked back where the sun had passed.
We didn't need to.

The early morning with you was
and will forevermore be the
most important time of our lives.

We loved each other then as no
other time of day. So you see
why I still have that conversation,

every day when I get up,
to share my sorrow at your
absence with all the creatures

that were your friends. I know
you are listening through them.
They smile at me every morning.

sensual, un placer sorprendente, conectados,
cómodos, juntos, explorándonos todo el cuerpo.
Escuchamos nuestra voz interior. Así lo hicimos.

Sin nunca dejar de oír lo que cada uno
decía, éramos uno en el amor.
Hay muchas lágrimas ahora.

Nos importaba profundamente la vida y la entendíamos,
al ver cada uno con claridad en la temprana luz del día,
respirando el aire del nuevo amanecer.

Cuando comenzábamos nuestros días juntos
nunca mirábamos atrás donde el sol había pasado.
No necesitábamos hacerlo.

La madrugada contigo era
y por siempre será el
momento más importante de nuestra vida.

Nos amábamos entonces como
en ningún otro momento del día. Ya ves
por qué todavía tengo esa conversación,

cada día cuando me levanto,
para compartir el dolor por tu
ausencia con todas las criaturas

que eran tus amigas. Sé
que tú escuchas a través de ellas.
Me sonríen cada mañana.

FOR SURE AND EVERLASTING

As sure as the rivers flow to the sea
from the mountain tops that reach to the skies,
where my heart beats within me,
and for us as the tears stream from my eyes,
you will always be with me.

As sure as the winds from the oceans meet the shore,
and the cloud sails rise to billow,
below the moon's glow over the sea's moor,
as God's hand touches the night skies hallow,
you will always be with me.

As sure as the autumn nights are crisp and clear,
looking to the Milky Way, inspiring awe,
feeling the heavens draw me near,
rising from the season that prepares us all,
you will always be with me.

As sure as the winter's snow will fall,
when the sky's star shadows come,
over the forest trees that are straight and tall,
nurtured by the winter's pure streams run,
for sure and everlasting,

you will always be with me,
where my love will be for all to see
in my heart and in my soul.

DE SEGURO Y ETERNAMENTE

Tan seguro como el fluir de los ríos al mar
desde las cimas de las montañas que se extienden hacia el cielo,
donde mi corazón late dentro de mí,
y por nosotros, mientras las lágrimas brotan de mis ojos,
siempre estarás conmigo.

Tan seguro como los vientos de los océanos se topan con la orilla del mar,
y las velas de las nubes se levantan para ondularse,
bajo la luz de la luna sobre el páramo del mar,
mientras la mano de Dios toque el cielo nocturno santificado,
siempre estarás conmigo.

Tan seguro como las noches frías y claras del otoño,
miran la Vía Láctea, inspirando admiración,
al sentir que los cielos me atraen hacia ellos,
surgiendo de la estación que nos prepara a todos,
siempre estarás conmigo.

Tan seguro como la nieve invernal caerá,
cuando las sombras de las estrellas del cielo lleguen,
sobre los árboles del bosque rectos y altos,
que se nutren con el flujo de los arroyos puros del invierno,
de seguro y para siempre,

tú siempre estarás conmigo,
donde mi amor estará para que todos lo vean
en mi corazón y en mi alma.

PJ, PJ,
What are you doing
spread out on the hassock?
What is in your kitty mind?

We have a place for you
to warm yourself next to
the window's streaming sunlight.
You give us endless love.

You are simply the loveliest kitty,
naïve at best when the grey jay
lands next to you to pick up a peanut,
and your little ears go flat and your

nose sinks below the grass. Nothing twitches.
But you don't know enough to jump,
so you look at the birds in confusion.
Perhaps it's like your buddies,

the squirrel or the red shafted flicker
family, you just enjoy
the sights, and the beauty
of your life is enough.

Animation is your forte in play
racing about the house in chase.
Where are you, where did you hide?
PJ, PJ what is in your kitty mind?

¿PJ, PJ,
qué haces
estirada en el almohadón?
¿Qué hay en esa cabecita de gatita?

Tenemos un lugar para que
te calientes al lado de
la luz del sol que fluye por la ventana.
Tú que nos das tu amor sin fin.

Tú eres simplemente la gatita más encantadora,
ingenua, en el mejor de los casos cuando un arrendajo gris
aterriza a tu lado para recoger un maní,
y tus pequeñas orejitas se aplanan y tu

nariz se hunde bajo la hierba. Nada se mueve.
Pero tú no posees el conocimiento suficiente de saltar,
así que tú miras los pájaros confundida.
Quizás son como tus amigotes.

la ardilla o la familia de carpinteros rojos,
tú sólo disfrutas con mirar
y la belleza de tu vida es suficiente.

La vivacidad es tu talento en un juego de cacería
correteando por la casa.
¿Dónde estás, dónde te escondiste?
PJ, PJ ¿Qué hay en esa cabecita de gatita?

I want to love you
as free as the roots of my soul,
with every pulse of my life's blood,
as long as we shall remain
from the ashes in the earth's soil,
with all my soul thereafter,
as I want to will.

I want to love you,
as free as the human spirit,
as long as the
light in the Universe
from the farthest galaxies,
I want to love and be with you
in your heart's sacred sanctum.

I want to love you
as free as your will,
as long as time
has been from the
beginning of God's hand,
to be with you
and love you forever.

TE QUIERO

Te quiero amar
tan libremente como las raíces de mi alma,
con cada latido de la sangre de mi vida,
mientras permanezcamos
como parte de las cenizas en el suelo terrenal,
con toda mi alma de ahí en adelante,
como deseo con toda mi voluntad.

Te quiero amar,
tan libre como el espíritu humano,
tan extenso como
la luz en el universo
de las galaxias más lejanas,
te quiero amar y estar contigo
en el lugar sacrosanto de tu corazón.

Quiero amarte
tan libre como tu voluntad,
desde el principio del tiempo,
desde el comienzo de la mano de Dios,
para estar contigo
y amarte para siempre.

When we met to say goodbye,
hold hands, hug and kiss,
I gave you a card because
I was leaving for a short time.
It was on a day filled with anxiety,
tension, and scheduled, but we managed.
Your eyes seemed to say something
with sadness, looking down, then away,
then into my eyes alone, impending,
not knowing what to expect,
like a moment of indecision and indiscretion
in your expression, but not in your loving hands
clasped gently around mine, moving softly.
Hugs, the touching so familiar, the attempt
at relieving stress with your hand raised
on my arm, pressing firmly,
your beautiful eyes, soft lips, ears smothered
in kisses, whispering I love you,
reaching for your leg, coveting it closer,
that look of love in your eyes I have seen
so often come over your face and
body not wanting me to leave.
The best part of leaving, the card said,
was returning to all the hugs and kisses.
I came back.
You were gone with no explanation.
I can still hear the silence.

TE HABÍAS IDO

Cuando nos reunimos para despedirnos,
para tomarnos de la mano, abrazarnos y besarnos,
te di una tarjeta porque
me iba por poco tiempo.
Fue en un día lleno de ansiedad,
tensión, y concertado, pero nos las arreglamos.
Tus ojos parecían decir algo
con tristeza, al mirar hacia abajo, luego lejos,
después sólo en mis ojos, inminentes,
sin saber qué esperar,
como un momento de indecisión e indiscreción
en tu expresión, pero no en tus manos cariñosas
entrelazadas suavemente con las mías, moviéndolas suavemente.
El abrazo, la caricia tan familiar, el intento
de aliviar la tensión con tu mano levantada
sobre mi brazo, presionándola firmemente,
tus bellos ojos, tus suaves labios, tus orejas ahogadas
en besos, que susurran te quiero,
al tratar de alcanzar tu pierna, codiciándola aún más cerca,
esa mirada de amor en tus ojos que he visto
tan a menudo posarse en tu cara
y tu cuerpo que no quería que me fuera.
La mejor parte de irse, la tarjeta decía,
era regresar a todos los abrazos y besos.
Regresé.
Te habías ido sin una explicación.
Todavía puedo oír el silencio.

Why are you leaving?
Because I don't love you anymore,
standing in the doorway to the kitchen,
looking at the island in the center.
I stopped making love to you
when you wouldn't dance with me.
Remember?
Yes.
Well, since then I tried but lost interest.
You know it only happens by
accident because we sleep in the same bed.
I thought it was our age—slowing down you know.
No, that wasn't it!
Why don't I just cash it all in?
Because that would be stupid!
What are you going to do?
Move into a house in town.
You should sell the tractor, trailer and truck.
You can't stay here by yourself.
Why don't I just give up?
Because of our son, that's why.
You need to see the doctor.
He should put you on antidepressants.
Why?
Because you should be on them.
I'm tired, we will talk about
this in the morning again.

LA NOCHE

¿Por qué te vas?
Porque ya no te amo,
parado en el umbral de la cocina,
mirando la isla en el centro.
Dejé de hacer el amor contigo
cuando ya no querías bailar conmigo.
¿Recuerdas?
Sí.
Bien, desde entonces lo intenté pero perdí el interés.
Tú sabes que sólo sucede
por casualidad porque dormimos en la misma cama.
Pensé que era nuestra edad—que nos hacía más lentos ¿Sabes?
¡No, no era eso!
¿Por qué no me doy por vencido?
¡Porque eso sería estúpido!
¿Qué vas a hacer?
Mudarte a una casa en la ciudad.
Debes vender el tractor, el remolque y el camión.
No puedes quedarte aquí sola.
¿Por qué no me doy por vencido?
Por nuestro hijo, eso es por qué.
Necesitas ver al doctor.
Él debe recetarte antidepresivos.
¿Por qué?
Porque deberías tomarlos.
Estoy cansado, hablaremos de esto
por la mañana otra vez.

You know I love you?
I know.
Coffee?
Yes.
She's remembering what her mother
said before she died.
You have got to do something
about your marriage.
All these years she ignored that advice.
Even had a child to
prove everyone wrong.
She is still fooling herself today.
The one man who loved her and
would forever in life and death;
she sent him away one day.
He felt she made a bad decision.
She did, both times.

¿Sabes que te quiero?
Sí, lo sé.
¿Café?
Sí.
Ella está recordando lo que su madre
dijo antes de morir.
Tienes que hacer algo
por tu matrimonio.
Todos estos años ella no hizo caso a ese consejo.
Incluso tuvo un niño para
demostrar que todos estaban equivocados.
Ella todavía se sigue engañando.
El único hombre que la amó y
la amaría para siempre en vida y muerte;
ella lo echó un día.
Él pensó que ella había tomado una decisión equivocada.
Ella lo hizo en ambas ocasiones.

The wagon knocked him over, pinning
his body underneath, still and quiet.
Feet, lower body, especially
the hands after losing his grip
that instant in time,
felt nothing but pins and needles.
At once the world spun in all directions.
He had to throw up but couldn't.

She screamed, he lay still.

All he remembered was the
bumpy ride and the rotor, it was loud.
He did and will hereafter receive
the best medical care in the world.
She is quiet, he is still,
the loss of intimacy,
touching all over, making love,
feelings and infatuation.

The pain of a heavy heart.
Sleep would be a blessing.

PÉRDIDA

El vagón lo atropelló, al atrapar
su cuerpo debajo, inmóvil y silencioso.
Los pies, el cuerpo inferior, especialmente
las manos después que soltaron su apretón
aquel instante en el tiempo, no sintieron nada más que un hormigueo.
Inmediatamente el mundo giró vertiginosamente.
Él tenía que vomitar pero no pudo.

Ella gritó, él permaneció inmóvil.

Todo lo que él recordó fue el
vuelo agitado y el helicóptero, que hacía ruido.
Él recibió y de ahí en adelante recibirá
la mejor asistencia médica del mundo.
Ella callada, él inmóvil,
la pérdida de intimidad,
el poder tocarse todo el cuerpo, hacer el amor,
sensaciones y enamoramientos.

El dolor de un corazón agobiado.
El sueño sería una bendición.

EMPTY ROOM

For Linda Hays
1949—2006

I suppose someone sometime will fix
the blind above the window, the one
you were always uncomfortable
lowering to just above the sill,
kneeling on the radiator edging
it downward, laughing there was no light
anyway by late afternoon when
most would come by to talk
and receive the pleasure of your isms.

Your coat was always hung up
on the wall among the notebooks of data
and all kinds of files lining the
room, narrow and long. We
kept bumping into the desk with
that chair in front which was so low
it caused everyone to reach
for the candy. Those mini
Hershey bars were the best,
because you couldn't eat only one.

Your door was always open to everyone
looking in, meeting your glance, leaving no one
untouched. There were only a few
with happy faces back then who
could and would smile passing
their open door, saying hi, with
a sense of welcome. We all knew
it just pleased you to leave your door open.

EL CUARTO VACÍO

Para Linda Hays
1949—2006

Supongo que alguien algún día reparará
la persiana sobre la ventana, la que
siempre te incomodaba
bajar hasta apenas tocar el alféizar,
arrodillada en el ribete del radiador para bajarla,
lentamente, riéndote porque no había luz,
de todas maneras, al atardecer cuando
la mayoría vendría a platicar
y recibir el placer de tus -ismos.

Tu abrigo siempre estaba colgado
en la pared entre los cuadernos con datos
y todo tipo de archivos bordeaban
el cuarto, estrecho y largo. Siempre
chocábamos contra el escritorio, con
esa silla delante que era tan baja
que invitaba a que todos tomaran
un caramelo. Esas mini
barras de chocolate Hershey eran las mejores,
porque "no podías comerte sólo una."

Tu puerta estaba siempre abierta para todos
los que mirasen hacia adentro, se encontraran
 con tu mirada, sin dejar que nadie
se fuera sin haber sido conmovido. Había solamente unos pocos
con semblantes felices en aquel tiempo que
podían sonreír y así lo hacían al pasar
por su puerta abierta, y saludando
como señal de bienvenida. Todos sabíamos
que te gustaba dejar tu puerta abierta.

What was in this room, now, standing in
the middle looking full circle, was something that
will never be here again, the beauty of you,
the innocence, the sense of you, and the Christmas lights.
There is nothing to touch or connect to now,
that slow feeling of sorrow and helplessness,
missing someone, the void, the pain,
the emptiness, the crushing loneliness.

Lo que había en este cuarto, ahora, parado en
el centro, al mirar alrededor, había algo que
nunca más existirá aquí otra vez, la belleza que eres tú,
la inocencia, tu esencia, y las luces de Navidad.
Ahora no hay nada que tocar ni con que vincular ahora
esa sensación lenta de dolor y desamparo,
extrañar a alguien, la carencia, el dolor,
el vacío, la aplastante soledad.

A MAN AND A FATHER

I

A man is remembered by how he has finished in life!

I remember many men like reflections of little lights, bright
one moment, then gone, agitated and aged, finite,
changed and charred, quite unlike the stones I have picked up
by the stream side that were brushed and moved, piled up
over the millennia, each possessing a pleasing
contour that you could tuck in your hand seeming
to run your fingers over smoothly, feeling what time
has harrowed for us, a sense of shape and purpose, a new paradigm.

A man is remembered by how he has finished
in life and not the choices he makes, or nourishes,
or what he starts, just how he finishes;
not in a poetic style, or even happy, or how he anguishes,
but finishing well in life, like those who have had
happy marriages and don't know why they are sad,
they just look the perpetual part; she takes care
and hides her husband's inadequacies with despair.

What a man starts may follow him for awhile
and may even course through his thought domicile,
his personality, like a maze, never knowing
which turns are right or wrong, but he, unimposing,
will not be remembered for this venture
any more than the choices he makes arising from censure,
or from decisions thrust upon him, like a movie,
all preceding acts are forgiven and forgotten venally.

I

¡A un hombre se le recuerda por el fin que tuvo su vida!

Recuerdo muchos hombres como reflejos de lucecitas, brillantes
por un segundo, y después, desaparecidas, agitadas y envejecidas, finitas,
cambiadas carbonizadas, no muy parecidas a las piedras que he recogido
en la ribera que por milenios se alisaron y movieron, amontonadas
cada una con su agradable
contorno que podrías poner en tu mano y
aparentando correr tus dedos suavemente, sintiendo que el tiempo
ha tallado para nosotros una forma y un propósito, un nuevo paradigma.

A un hombre se le recuerda por el fin que tuvo
su vida y no las decisiones que toma
que nutre, o comienza, sólo cómo termina;
no en un estilo poético ni aun feliz, ni tampoco cómo se angustia,
sino terminar bien en la vida, como aquellos que han tenido
matrimonios felices y no saben porqué están tristes,
sólo aparentan los papeles perpetuos; ella cuida
y esconde las ineptitudes de su marido con desesperación.

Lo que un hombre comienza lo sigue por un tiempo
y puede que pase por el domicilio de su mente,
su personalidad, como un laberinto, sin nunca saber
las vueltas acertadas o equivocadas, pero él, sin presencia,
no lo recordarán por su iniciativa
ni tampoco por lo que él elija que surja de la censura,
ni por las decisiones que se le imponen, como una película,
todos los hechos anteriores se perdonan y venalmente se olvidan.

A man might be remembered something like this:

Her mother thought he might be nice for her daughter.
The marriage was made and he is finishing just fine.
He was a bachelor for years and finally persuaded
her to say yes to marriage and thus happiness for both.
He was a lucky guy to have married her, many not seeing
what she saw in him being so beautiful and all.
He pursued her to the ends of the earth and finally,
she fell in love with him because she did not know him before.

But not remembered for the choices he makes or what he starts:

He started that organization years ago all by himself.
He started to drive trucks but could not make a
living while she sat at home with the baby.
He made a business choice to recapitalize
but could not support the payments or debt.
He chose badly in marriage because it was sex
that brought them together in the first place.
He started to buy a business but needed to keep his day job.

II

A father is remembered by the choices he makes!

My fatherhood was filled with choices about life,
liberty, and the unqualified pursuit of happiness, without strife,
starting with governing two children, through their stages,
especially the teen years to adulthood, requiring some presages
and intelligent thought of which I never seemed to
possess enough, and in many cases I was slow to accrue
and make choices because of the adult complications
children find so simple to overlook or bypass ramifications.

A un hombre se le podría recordar así:

Su madre pensó que él sería un buen partido para su hija.
Se concretó el matrimonio y él termina de lo mejor.
Él fue un solterón por muchos años y finalmente la persuadió
a aceptar el matrimonio y así la felicidad para ambos.
Él tuvo suerte en casarse con ella, muchos no veían
lo que ella veía en él, siendo tan bella y todo lo demás.
La siguió a los confines de la tierra y finalmente,
se enamoró de él porque no lo había conocido antes.

Pero no se le recuerda por las decisiones que toma o lo que comienza:

Comenzó años atrás la organización solo.
Comenzó manejando camiones pero no podía ganarse
la vida, mientras que ella se quedaba en casa con el bebé.
Él decidió capitalizar su negocio de nuevo,
pero no pudo mantener ni los pagos ni sus deudas.
No acertó en la elección de su matrimonio ya que era sexo
lo que los unió en primer lugar.
Él comenzó a comprar un negocio pero necesitaba mantener su trabajo fijo.

II

¡Se recuerda a un padre por las decisiones que toma!

Mi paternidad estuvo llena de decisiones sobre la vida,
la libertad, y búsqueda incondicional de la felicidad, sin conflictos
comenzando con disciplinar a dos niños a través de sus etapas,
especialmente de la adolescencia a la madurez, que pedían presentir
y pensar con inteligencia, de la cual nunca parecía
poseer lo suficiente, y en muchos casos tardé en adquirir,
tomar decisiones a raíz de las complicaciones de los adultos
que los niños hallan tan fácil de ignorar o pasar por alto sus consecuencias.

The choices a father makes about his spousal strife
are no less serious because of how willing in life
some wives are to prop up the unqualified,
undignified and abusive husbands, who amplified,
appear to be kind in their choices but simply
reinforce her tendency to reticence; a panoply
of behavior demystifying his own litigation
to self criticism, no love and severe hesitation.

Something like this:

She initially chose to have this beautiful child with him.
She chose to raise his child in loving kindness.
He chose to call his child names when he misbehaved,
and felt his wife and child worked against him.
He chose to call his wife names, not trust her or believe in her.
He chose not to dance with her when she asked him.

But not remembered for how he finishes or what he starts:

He started out in the city, then moved to the country.
He started a job where people lied for him to get another job.
He started to be abusive, although in a kind way.
He sequestered his wife and she complied just fine.

My choice was her above all choices,
and to have finished without her rejoices
has made me believe she will never
need a man and a father to endeavor,
just a man who will not be remembered,
but was firmly tucked in her hand for favored
safe keeping, alive, breathing, affectionate,
shaped with a sense of purpose, passionate,…

…and we saw her toss that rock across the river, counting
the skips skimming the surface, then watched the stillness
as it sank to the bottom with all the other stones.

Las decisiones que un padre toma sobre los conflictos con su esposa,
no son menos serias por lo dispuestas que
que algunas de ellas están en la vida a sostener a maridos incompetentes
sin dignidad y abusivos, quienes exagerados,
aparentan ser amables en lo que eligen, pero simplemente
refuerzan las tendencias de ellas a la reticencia; una panoplia
de actitudes que desmitifican su propia contienda
a la autocrítica, sin amor y con gran vacilación.

Algo así:

Ella inicialmente eligió tener a este bello niño con él.
Eligió criar a su niño con bondad y amor.
Él eligió ponerle apodos a su niño cuando se portaba mal,
y pensaba que su esposa y niño estaban contra él.
Eligió ponerle apodos a su esposa, no confiar ni creer en ella.
Eligió no bailar con ella cuando ella se lo pidió.

Pero no se le recuerda por cómo termina ni lo que comienza:

Él comenzó en la ciudad, luego al campo se mudó.
Un trabajo él comenzó donde la gente mintió para que otro trabajo él consiguiera.
Comenzó a ser abusivo aunque con amabilidad,
Él secuestró a su esposa y sin quejarse ella accedió.

Mi elección fue ella entre todas las opciones,
y terminar sin sus regocijos
me ha hecho creer que ella nunca
necesitará a un hombre ni a un padre para sus logros,
sólo a un hombre que nadie recordará,
pero a quien tomará firmemente de la mano para resguardo favorecido,
vivo, respirando, afectuoso,
formado con definido propósito apasionado,...

...y la vimos tirar esa piedra al otro lado del río, contando
los saltos al rozar la superficie del agua, luego vimos la quietud
cuando se hundía hacía el fondo con todas las demás piedras.

There are a thousand ways to
solve a problem. You just
picked the wrong way.

So go back and pick another
solution to preserve the love
you feel. It is worth it.

So go ahead, slowly, but go ahead,
reach out to the one you love.

DIRÍGETE

Hay mil formas
de solucionar un problema. Sólo
que tú escogiste la equivocada.

Así que vuelve a escoger otra
para conservar el amor
que sientes. Vale la pena.

Así que adelante, lentamente, pero adelante,
y dirígete a quien tú amas.

ORDAINED

We are ordained in life to
feel certain ways about things.
A broken heart at fourteen is pretty much
the same as a broken heart at fifty eight.
The pain never stops,
remembering never stops.
It was just yesterday.

The soft kisses are the key.
They line up feelings just like
a magnet, all in order around
a center. The center of our spirit
is formed early and never changes.
Oh, that feeling of love in youth.
I found my heart at fourteen.

There was no burden then.
She and I thought we could
conquer the world, we were ready.
We were invincible and in love,
ordained to be together forever,
fresh, nature's way leading me to
her heart; she would show me the way.

Failure was not a word in our dictionary.
How could we? We had each other!
She was a rose and I a thorn.
Seen together we were beautiful, natural,
blossoming in our virgin voices,
speaking to each of our souls, holding
our heads up high into the sun's light.

PREDESTINADO

Estamos predestinados en la vida
para tomar de cierta manera las cosas.
Un corazón roto a los catorce años es casi
igual que un corazón roto a los cincuenta y ocho.
El dolor nunca acaba,
el recuerdo nunca acaba.
Parece que sólo fue ayer.

Los besos suaves son la clave.
Acomodan los sentimientos igual
que un imán, todo en orden alrededor
de su núcleo. El núcleo de nuestro espíritu
se forma temprano y nunca cambia.
Oh, ese sentimiento de amor en la juventud.
Encontré mi corazón a los catorce años.

Entonces no había responsabilidad.
Ella y yo pensábamos que podríamos
conquistar el mundo, estábamos listos.
Éramos invencibles y estábamos enamorados,
predestinados a estar juntos para siempre,
frescos, a la manera de la naturaleza que me conducía
a su corazón; ella me mostraría el camino.

El fracaso no era una palabra en nuestro diccionario.
¿Cómo podríamos? ¡Nos teníamos el uno al otro!
Ella era una rosa y yo era una espina.
Cuando nos veían juntos éramos hermosos, naturales,
floreciendo en nuestras voces vírgenes,
hablándoles a cada una de nuestras almas
con la cabeza en alto, hacia la luz del sol.

When looking at the night sky
holding hands, we would talk
of the future, our futures.
It was so simple for us to believe
in each other.   We had no fear.
I suppose that is it, no fear.
We were preordained at birth.

Meeting today, nothing would have
changed I'm sure. You do not
acquire fear in youth if
it didn't then catch up with you
and cause all kinds of problems.
The irrational decisions made
in the name of fear are beyond reason.

That fall when the leaves let go from
the spreading branches, we raced to touch
them before they came to rest.
We would sweep them up in a
big pile to play in, eventually
spreading them out over the dry grass so
thin they needed raking up again.

We played a game of holding
hands, running and jumping
in the pile together until we
laughed ourselves silly.
No respecting teenager would think
of doing this, but we played anyway.
Anxiety raced through our veins.

The snows came early that year
and our lives changed quickly,
It happened one night in unforgettable
togetherness, that pure sanctity,
blessed by God, shunned by the
Church and understood by Jesus.
To be truly in love you must forgive.

Cuando mirábamos el cielo de la noche
tomados de la mano, hablábamos
del futuro, de nuestro futuro.
Era tan simple para nosotros creer
el uno en el otro. No teníamos ningún miedo.
Supongo que eso era, ningún miedo.
Estábamos predestinados al nacer.

Al encontrarnos hoy, nada habría
cambiado, estoy seguro. No se
adquiere el temor en la juventud sin
que después se tope contigo,
y cause todo tipo de problemas.
Las decisiones irracionales tomadas
en el nombre del temor van más allá de la razón.

Ese otoño cuando las hojas se dejaban caer
de las ramas dispersas, corríamos para tocarlas
antes de que aterrizaran.
Las barríamos en una
gran pila para jugar en ellas, finalmente
las desparramábamos sobre la hierba seca
en capa tan delgada que tendrían que rastrillarlas nuevamente.

Jugamos el juego de tomarse
de la mano, de correr y saltar
en la pila juntos hasta que
nos reíamos a no más dar.
Ningún adolescente en sus cabales pensaría
hacer esto, pero jugamos de todos modos.
La ansiedad corría por nuestras venas.

Las nieves llegaron temprano aquel año
y nuestra vida cambió rápidamente.
Sucedió una noche en una inolvidable
unión, esa santidad pura,
bendecida por Dios, rechazada por la
Iglesia y entendida por Jesús.
Para estar verdaderamente enamorado debes perdonar.

We forgave each other in a
never ending litany of affirmations
that it was all right. Each time
was more pure than the last,
until eventually out of love, comes life.
Out of love came our life together,
virgin, pure, sanctified, beyond law and reason.

Then came law and reason.
She forgave me and I her.
We forgave each other forever.
Power was beyond our reach.
Our eyes would pass knowing
we still loved each other
and all others surrounding us.

Eventually life came forth,
sanctified only for a moment, then gone.
There were no celebrations.
The church had decided what to do,
the law didn't care, and reason
prevailed in adult passion that
killed virgin sentiment.

That summer was hot but did not
dry up the flowing tears.
Tears that swept away in their path
hope, love, and any possibility of a future.
The despair and loss are felt today.
Sadness persisted into the fall,
where the chill and fog were very cold.

We were ordained that day of birth,
ordained to suffer a life of being
incomplete, never knowing, wondering,
hoping for forgiveness from anyone,
anyone we loved in life, but
only the wounded know how it is,
only those sanctified and not yet redeemed.

Nos perdonamos en una
interminable letanía de autosugestiones
que todo estaba bien. Cada vez
era más pura que la ultima,
hasta que finalmente del amor nace la vida.
Del amor nació nuestra vida juntos,
virgen, pura, santificada, más allá de la ley y de la razón.

Después llegaron la ley y la razón.
Ella me perdonó y yo a ella.
Nos perdonamos para siempre.
El poder estaba más allá de nuestro alcance.
Nuestros ojos se cruzarían sabiendo
que todavía nos amábamos
y todos los otros nos rodeaban.

La vida llegó finalmente,
santificada solamente por un momento, y luego se fue.
No hubo celebraciones.
La Iglesia había decidido qué hacer,
la ley no le dio importancia, y la razón
prevaleció en la pasión adulta que
mató el sentimiento virgen.

Aquel verano fue caluroso pero no
secó las lágrimas que cayeron.
Lágrimas que barrieron en su paso
la esperanza, el amor y cualquier posibilidad de un futuro.
La desesperación y la pérdida se sienten hoy.
La tristeza persistió hasta el otoño,
donde la frialdad y la niebla eran muy frígidas.

Estábamos predestinados el día en que nacimos,
predestinados a sufrir una vida de ser
incompletos, nunca saber, cuestionando
esperando el perdón de cualquier persona,
cualquier que amaramos en la vida, pero
sólo los heridos saben cómo es,
sólo los santificados y los todavía sin redención.

We sought redemption our
whole lives. She found it.
I did not. Even today the
one I loved turned me away
in her moment of deep need.
Complicit was her religion
that took my son away years earlier.

Much time has passed, silent and sure,
like the river's journey to the sea,
forever past and gone. Never will we
see the same birth of that beautiful
raindrop fall from God's hands
to ours outstretched, and receive
the love that came from us both.

Today ordinary conversations have no history.
No one understands the pain or whom
we can share our feelings with,
who will understand. Only
those who lived the tragedy
of giving up a life to those
who think they know best.

And they, even they have fear today.
The fear that keeps them apart
from deep love for another, the
fear of having that love taken
from them as an adult.
In their hearts life is painful,
especially when love is bestowed.

For us who have no fear
of loving or being loved by another,
we are free as the wind in the
trees in the early morning mists,
caressing their shapes, swaying,
as our words watch over our thoughts
in motion guarding our flesh in peace.

Buscamos la redención
toda nuestra vida. Ella la encontró.
Yo, No. Incluso hoy
la que amé, me rechazó
en su momento de profunda necesidad.
Cómplice era su religión
que se llevó a mi hijo años atrás.

Mucho tiempo ha pasado, silencioso y seguro,
como el viaje del río al mar,
para siempre el pasado se ha ido. Nunca veremos
el mismo nacimiento de esa hermosa
gota de agua caída de las manos de Dios
a nuestras manos abiertas, ni recibiremos
el amor que nació de nosotros dos.

Hoy día las conversaciones comunes no tienen historia.
Nadie entiende el dolor ni con quién
podemos compartir nuestros sentimientos,
ni que nos entenderán. Solamente
los que vivieron la tragedia
de sacrificar una vida a
los que creen que son más sabios

Y ellos, hasta ellos tienen miedo hoy.
El miedo que los separa
del profundo amor que se tienen uno para el otro, el
temor a que les arrebaten el amor al ser adultos.
En su corazón la vida es dolorosa,
especialmente cuando se concede el amor.

Para nosotros que no tenemos ningún temor
de amar o ser amados,
somos tan libres como el viento en
los árboles, en la niebla madrugadora,
que acaricia su forma, agitándose,
mientras que nuestras palabras vigilan nuestros pensamientos
que corren y cuidan de nuestra carne en paz.

So I guess we are ordained
in life to feel certain ways about things.
When you love someone, guilt is
never a part of the love that is given.
When you love someone, fear is
never a part of the love that is given.
Even today I do not have fear or guilt.

When you love someone, a
transformation from love to denial is
never a part of the love that is given.
When you love someone she is
sanctified and is always a part
of the love that is given.
That's why you can't help falling in love.

When you love someone she
is the most important
person in your life.
When you love someone it is
always beyond law and reason.
When you love someone you
are a man and a father.

Many years later she and I met
and hugged as if we were fourteen again.
Nothing had changed between us,
except a few wrinkles and grey hairs.
We forgave each other again,
listening to our hearts pulsing in unison
remembering our virgin innocence.

Entonces me imagino que estamos predestinados
en la vida para tomar las cosas en cierta forma.
Cuando se ama a alguien, la culpabilidad
nunca es parte del amor que se da.
Cuando se ama a alguien, el temor
nunca es parte del amor que se da.
Incluso hoy no tengo ni miedo ni culpabilidad.

Cuando se ama a alguien, la
transformación del amor al rechazo
nunca es parte del amor que se da.
Cuando se ama a alguien, ella es
santificada y es siempre una parte
del amor que se da.
Por eso, enamorarse no se puede evitar.

Cuando se ama a alguien, ella
es la más importante
de la vida.
Cuando se ama a alguien va
siempre más allá de la ley y de la razón.
Cuando se ama a alguien
eres hombre y padre.

Muchos años más tarde ella y yo nos encontramos
y nos abrazamos como si tuviéramos de nuevo catorce años.
Nada había cambiado entre nosotros,
excepto algunas arrugas y canas.
Nos perdonamos otra vez,
al escuchar nuestros corazones latir al unísono
recordando nuestra inocencia virgen.

There are two types of injustice: the first
is in the actual doing an injury to another,
often in fear or pursuit of riches as the root; the
second is not helping one who is being injured or
fail to protect another from injury when they are
able, often without probity.
After Cicero: De Off, l. vii

THE FEAR OF COMMITTING HONESTY: QUESTIONS

Do we commit an injustice to another
when we offer our unconditional love,
when the love we have is what they
want and think they cannot have?

Do we commit a wrong as opposed
to a right when we love another
and they feel deep sentiments about themselves
they know are right but denied in life?

Do we commit a right when we love
another where social convention
denies their opportunity to be loved
by one who would die for them?

Do we commit a sin by loving
another when the church has ordained
the marriage is a complete surrender
to convention and lives ruled by ordinance?

Are we so self-righteous in our indignation
expressing our myth that we lose sight
of the direction our myth is supposed
to take us and explore our limits?

Are we righteous enough to believe in
our truth, and the truth of another's
courage to love one another and be
in love beyond law and reason?

Hay dos tipos de injusticia: el primero
es el verdadero acto de cometer una injuria contra otro,
a menudo a raíz del temor o en busca de riquezas: el
segundo es no ayudar a uno a quien se le está cometiendo
una injuria a no lograr proteger a otro de ser injuriado cuando
eran capaces de hacerlo a menudo sin probidad.
Al estilo de Cicerón: De Off, l. Vii

EL MIEDO DE COMETER UN ACTO DE HONESTIDAD: PREGUNTAS

¿Cometemos una injusticia uno hacia el otro
cuando ofrecemos nuestro amor sin condiciones,
cuando el amor que tenemos es lo que
otros quieren y piensan que no lo pueden tener?

¿Cometemos un error
en lugar de un acierto cuando amamos a otros
y ellos se aman profundamente a sí mismos
y ellos saben que eso está bien, pero que se les han negado en la vida?

¿Cometemos un acierto cuando amamos
a otros cuando la convención social
les niega la oportunidad de ser amados
por uno que moriría por ellos.

¿Cometemos un pecado al amar
a otro cuando la Iglesia ha decretado
que el matrimonio es rendirse por completo
a la convención y la vida gobernada por decretos?

¿Somos tan santurrones en nuestra indignación
al expresar nuestro mito que perdemos de vista
del objetivo donde nuestro mito se supone
nos guía y explora nuestros límites?

¿Somos suficientemente virtuosos para creer en
nuestra verdad, y la verdad del valor de otro
para amarnos y estar
enamorados más allá de la ley y la razón?

Do we commit an act of courage when
old relationships are untenable because
of long standing loss of love, unredeemable,
to seek our heart's desire responsibly?

Do we commit an act of irreverence to
the long standing loss of love, for whatever reasons,
to be truthful to ourselves, and partner,
about what deep feelings we have for another?

Can you name those you can
trust with the answers, let
alone those who understand them?

Can you name those who will carry
you from the chapel to your place of rest
and say a prayer for you?

Does the fear of committing honesty
lie within you?

¿Cometemos un acto de valor cuando
las viejas relaciones son insostenibles
por una latente pérdida de amor, irredimible,
al buscar el deseo de nuestro corazón responsablemente?

¿Cometemos un acto de irreverencia
hacia la antigua pérdida de amor, por las razones que sean,
al ser honestos con nosotros mismos y con nuestra pareja,
sobre el profundo cariño que sentimos por otro?

¿Puedes nombrar a aquellos que
se le puede confiar las respuestas, y
mucho menos a aquéllos que las entienden?

¿Puedes nombrar a aquellos que te llevarán
de la capilla al lugar de tu descanso final
y dirán una oración por ti?

¿Se halla dentro de ti el temor de
cometer un acto de honestidad?

ADMONITION

Within the darkness of that short winter day that fell
upon the window, in the light of a candle, like a knell
casting a long shadow over the table, paper, pen and moonlight,
I had given myself an admonition for not writing down
when she left, the feeling of despair and frown.

The cold crackling of the lake's windswept ice,
the stillness of the moon's light, the frigid cold vice,
hoar frost on the ground, the sparkling ice crystals in the air
below the bright starlight in this north place, and the pure
still cries in the distance made the night surroundings insecure.

The worse part of beginning to write were the cold air drafts
in the room and surrounding walls, walls that leaked the silent shafts,
just enough to not know from where, and a fire flame burning
low, not enough to make coals, mostly smoking, underfeeding
with kindling, and a comforter over my shoulders interceding.

Getting up to get wood was uncomfortable at best,
having to split the logs, which were frozen and coalesced
from not being dried early enough in the Fall, and
getting out from under the comforter in the middle of the night
from that domed down temple made me feel like an eremite.

Refuge in this solitary place was by design
since I always felt stronger when alone to face that truthful time.
The few times in my life when this was true the stress
interfered with rational behavior, you can't tell
what is true and what is not, or how to act in your own hell.

AMONESTACIÓN

En la oscuridad de ese breve día de invierno que
caía sobre la ventana, a la luz de una vela, como una
larga sombra sobre la mesa, el papel, la pluma y luz de la luna.
Me había amonestado a mí mismo por no haber anotado
el sentimiento de desesperación y dolor cuando ella partió.

El frío crujir del hielo del lago azotado por el viento,
la quietud de la luz de la luna, el frígido vicio helado,
la escarcha sobre la tierra, los brillantes cristales de hielo en el aire
bajo la luz de las estrellas luminosas, en este lugar del norte, y los gritos
de la pura quietud en la distancia hicieron inseguro el derredor nocturno.

Lo peor al empezar a escribir eran las corrientes de aire frío
en el cuarto y las paredes alrededor, paredes que dejaban escapar las silenciosas
    ráfagas,
lo suficiente para no percibir de dónde venían, y la llama de un fuego
    que ardía débilmente sin ser suficiente como para hacer carbón,
principalmente humeaba, con el precario alimento
de sólo astillas, y un edredón como intercesor sobre mis hombros.

El levantarse para buscar leña era sumamente incómodo,
tener que cortar los troncos congelados y fusionados
por no haberse secado antes de que llegara el otoño,
y salir de por debajo del edredón en medio de la noche
de ese templo en forma de cúpula de plumas me hacía sentir como un ermitaño.

El refugio en este lugar solitario era a propósito
Ya que siempre me sentía más fuerte cuando solo para enfrentar la verdad.
Las pocas veces en mi vida que así fue, la tensión
interfirió con una actitud racional, no se puede distinguir
lo que es verdadero ni lo que no es, ni saber reaccionar ante tu propio infierno.

There is a tendency to talk to oneself and confuse
what is real in building an edifice solely on a poor miscue,
assumptions, false thoughts, unrealistic expectations,
inept actions, impotent character, where everything
is ok from the outside but the inside, well, it's a mess unearthing.

So asking myself a thousand times how I can articulate
the terrible feeling of loss in my gut and still forgive her for a fate
and weakness that turned out to be a strength, since life never
challenged her in this way to have made a decision to seal
our fates, while still telling her I love her, is at best, a difficult appeal.

I suppose it goes something like this!

At death they say the blackness comes over one quickly,
and the light so bright in the tunnel beckons cryptically,
inviting warmth, but one never reaches the light source,
just the feeling of transition, floating, no control,
drawn near to peace, a sanctum, a place for the soul.

As far as I know, only a few have come back from arriving
in that place, but those that do come back from surviving,
have felt the lights alluring anticipation of going
to that special place where the origin of the light
is enticing against one's will, and very bright.

Well, when she left there was blackness all around,
little light and no color, the blackness moving toward me to surround,
perhaps to consume me, but also allowing me to move; my eyes
could not see, and I believed I could never again see my reflection,
sensing that finality has a price without a resurrection.

When one stops and thinks about loss, it is also similar
to the story of the old woman, a high pitched prattler,
answering the question of whether there was once a man,
and she replied, oh yes, he loved me sometime ago,
so he will come back to me someday, I know.

Uno tiende a hablarse consigo mismo y confundir
lo que es real para solamente levantar una muralla de
suposiciones débiles, pensamientos falsos, expectativas irreales,
actos ineptos, carácter impotente, donde en el exterior todo parece
bien pero en el interior, pues, es un enredo que sale a la luz.

Así que si me pregunto una y mil veces cómo articular esa
terrible sensación en mis entrañas de la pérdida y aun perdonarla por una
debilidad que resultó ser fortaleza, ya que la vida nunca la
desafió así, por haber tomado la decisión de sellar nuestros
destinos, mientras aún poder decirle que la amo, es, en el mejor
    de los casos, una declaración sumamente difícil.

¡Supongo que es algo así!

Dicen que al morir la oscuridad nos envuelve rápidamente,
y la luz tan luminosa en el túnel nos hace señas enigmáticas
con un calor tentador, pero uno nunca alcanza la fuente de esa luz
sólo la sensación de transición, flotando, sin control
que nos acerca a la paz, a un santuario, a un lugar para el alma.

Que yo sepa, sólo unos pocos han vuelto después de haber llegado
a ese lugar, pero aquéllos que sí vuelven después de sobrevivir
esa experiencia han sentido el seductor anhelo de
regresar a ese lugar tan especial, donde el origen de la luz tan brillante
nos atrae contra nuestra voluntad.

Pues, cuando ella se fue, había oscuridad a mi alrededor,
poca luz y ningún color, la oscuridad se me acercaba y me rodeaba, tal vez para
consumirme, pero también para permitirme mover los ojos;
no podían ver, y yo creía que nunca más podría volver a ver mi reflejo,
sentía que la finalidad tiene precio sin resurrección.

Cuando uno se detiene a reflexionar en su pérdida, es también similar
al cuento de la vieja, que en voz alta y chillona
responde a la pregunta de si alguna vez hubo un hombre,
y ella contesta, oh sí, él me amó hace un tiempo lejano ya,
así que volverá a mí algún día, yo lo sé.

Wanting to commit to the wrong, the insulin needle, is easy,
we don't have to do anything to make it happen, an epitome,
but wanting to commit to the right is very hard
and that first step is a terrible, frightening odyssey,
that does take us to where life is a beautiful fancy.

She, whom I thought I could trust, betrayed me in every
single way possible, some I didn't even know about, with misery,
until they occurred, and what was confusing especially about conduct
is I thought she was right initially, balancing that gnawing
feeling down deep that anyway, she was withdrawing.

Somewhere along the way I got lost in my despair,
became complacent and comfortable in isolation, unaware,
out of fear of moving, like going to the kitchen to get a drink
of water, feeling everyone's suspicion and condemnation,
which turns out to be in the mind, a purely fictional aberration.

So why fool myself since there is a soulful price to pay,
more so if it affects the body, by being driven mad they say
with curiosity from complete separation and severe doubts
about perpetrated acts of weakness, a transgressor,
while I unquestionably would give my life for her.

Believing in oneself is a mystery,
a beautiful mystery about you and your history,
with everyone, even to those that are sure of whom
they love; to those few of us who are so sure, you
should not find it difficult to believe I still love her true,

and therein continues my despair, every day, anew.

Querer cometer el mal, la aguja de la insulina, es fácil,
no tenemos que hacer nada para que así suceda,
pero querer comprometerse al bien es muy difícil
y ese primer paso es una terrible y aterradora odisea,
que no nos conduce hacia donde la vida es una bella quimera.

Ella, en quien pensé que podía confiar, me traicionó con miseria en
todos los aspectos posibles, algunos de los que ni siquiera me enteré,
hasta que ocurrieron, y lo que me confundía especialmente
de esa conducta es que yo pensé que ella tenía razón al principio, al evaluar
esa sensación que me roía hasta lo más profundo que de cualquier forma,
        ella se estaba alejando.

En alguna parte a lo largo del camino, me perdí en mi desesperación,
me llegué a estar cómodo y satisfecho de mí mismo en el aislamiento, ignorante,
por miedo de moverme, como cuando hay que ir a la cocin a para buscar un vaso
de agua, al sentir la sospecha y condena de todos,
que al final de cuentas existe sólo en la mente, una aberración puramente imaginada.

Entonces por qué engañarme si el precio que se paga viene del alma,
más aún si al cuerpo afecta, mientras se me empuja a la locura,
hacen comentarios con curiosidad de la completa separación y las intensas
 dudas de las debilidades cometidas, un trasgresor,
mientras que yo, sin cuestionar, daría mi vida por ella.

Creer en uno mismo es un misterio,
bello misterio de uno mismo y la relación de uno
con todo el mundo, aun con aquéllos que están seguros de
quién aman; los pocos entre nosotros que estamos tan seguros,
no les debería ser difícil creer que todavía la amo de verdad,

y así continúa mi desesperación, cada día, una vez más.

ROOTS OF MEMORY

In the times we have all known
there are individual sanctums we have sewn,
created for those experiences that are in life free,
special, the planting and roots of good memory,
just as many times full of happiness and measure
of those people we loved so much with pleasure
that helped and offered that love, a special emotion
so fulfilling in our own bodies with devotion,
always proving elusive, evasive when apart,
from the one we love so much with heart.

To give a testimony, like those few
who have about those sanctums, like the morning dew
dissolved into our spirit sometime in the process
of continually becoming, opens us for all to see and assess,
ridicule, despise, say we are foolish, egotistical,
sentimental, in fear of knowing or acting satirical,
or it opens us all to see what courage it takes
giving the whole of our Home Street away and makes
it really a symbol to all of what a man can be to us in spirit
who has stepped toward the light not fearing it.

LAS RAÍCES DE LA MEMORIA

En los tiempos que todos hemos conocido
existen santuarios íntimos que hemos sembrado,
creados para esas experiencias que son gratuitas en la vida,
especiales, siembra y raíces del buen recuerdo,
así como las tantas veces llenas de felicidad y medida
de aquéllos a quienes con placer amamos tanto
esas tantas veces que ayudaron y en que ofrecimos ese amor, emoción especial
que satisface tanto a cada uno de nuestros cuerpos con devoción,
al mostrarnos siempre esquivos, evasivos cuando estamos separados,
del ser que de corazón amamos tanto.

Para dar un testimonio, como esos pocos
que tienen a su alrededor esos santuarios, como el rocío matinal
disuelto en algún momento en nuestro espíritu en el proceso
de nuestra transformación continua nos abre para que todos nos vean y juzguen,
nos pongan en ridículo, nos desdeñen, nos digan que somos necios, egoístas,
sentimentales, con el temor del conocimiento o de un comportamiento satírico,
o nos abren por completo para que todos vean la valentía que se necesita
para regalar toda nuestra Calle Residencial y la transforma
en realidad, en un símbolo de todo lo que en espíritu
  un hombre puede significar para nosotros
que ha caminado hacia la luz sin temerla.

The freedom to move comes only after removing the chain,
releasing us from immobile suffering, cheated emotions and brain
chemistry changes that are slow, all affected by our desires
to connect, to enter the heart, to experience the incredible inner fires
ignited by requited love from someone special, so unusual in our life,
our affections nursed, beautiful, wonderful and so rife
with special powers of affectations; also by poor judgments,
argumentative behavior, particular denial of what sentiments
and wants, or for that matter what we ourselves want,
and can do with our heart, as ourselves we taunt.

The good memories are tucked away in the sanctums sewn,
watched over by the spirit of goodness, and the blood of life, not hewn,
but dissolved in the soul by our memories sense
of beauty and sadness at being able to relieve the fence
around our most precious sentiments no matter how scarred
the present may feel, while tragically knowing how marred
one is, leaving, closing communication, and the other desiring to break down
the barriers that separated, straining to hear the renown
of voices, sweet, firm, forgiving, funny, loving, good, desiring that face
to face feeling that would change a mind and close the space.

La libertad de moverse llega sólo después de quitar la cadena,
que nos libera del sufrimiento inmóvil, emociones engañadas y los cambios
de la química del cerebro que son lentos, a todo lo que
    nuestros deseos de hacer conexión afecta, de entrar en
el corazón, de experimentar los increíbles fuegos internos
encendidos por el amor correspondido de ese ser especial, tan inusitado
    en nuestra vida,
nuestro cariño sustentado, hermoso, maravilloso y tan plagado
de un poder particular de rebuscamientos; también por los desaciertos,
la conducta rebelde, la negativa particular de lo que sentimos y los deseos,
o en realidad, de lo que nosotros mismos deseamos
y podemos hacer con nuestro corazón, mientras nosotros mismos nos burlamos.

Los buenos recuerdos se esconden en los santuarios sembrados,
cuidados por el espíritu de la bondad, y la sangre de la vida, no extraídos,
sino disueltos en el alma, por la idea
de belleza y tristeza, de nuestros recuerdos de poder derribar la barrera
que rodea nuestros sentimientos más valiosos no importa cuan herido
se sienta el presente, igual que saber trágicamente cuán estropeado uno está,
al dejar bloquear la comunicación, y el otro que desea derribar
las barreras que nos separaron, al intentar oír la celebridad
de voces, dulces, firmes, indulgentes, divertidas, amorosas, buenas,
    que desea esa sensación cara
a cara que cambiaría el parecer y disminuiría la distancia.

Happiness, the lovely state of being, so calm and secure
at a moment of reflection and so elusive to retain, ensure,
it must be resolve to happiness that helps us sustain
the power of love so complete for those special in our lives to maintain
what we had to give up in our pursuit, and rely on the spiritual
sanctum in a painful, calm, resolute way, full of memory, virtual,
looking over the top edge, from so high, into ourselves we can never participate
in it again, like a snow flake once fallen as precipitate,
out of the sky to travel that long determined way
to the sea, forever mingled, lost in its final resting place to lay.

For those we do and have loved, how do we measure to fit
in our sewn sanctums that special place where those sit
who have filled us with good memory full of happiness, kindness and calm,
who have once loved us without qualification, whose soul like a psalm
wraps our life in peace, serenity, strength, solitude in spirit,
exultation, exhilaration, fascination of possibilities that merit
the giving of our strength to their purpose, as well in life's length
and solemn promises, who in our weaknesses and strength,
we would give our life for, without question or denial,
and we who would never turn them away, a soul seeking solace in their trial?

La felicidad, ese estado encantador de ser, tan calmado y seguro
en un momento de reflexión y tan evasivo, para retener, asegurar,
se debe resolver con la felicidad que nos alienta a sostener
el poder del amor tan completo para esos seres únicos en nuestra vida, a retener
lo que tuvimos que sacrificar en nuestra búsqueda, y confiar en el santuario
    espiritual
de modo doloroso, tranquilo, resoluto, lleno de recuerdos,
    virtual, que mira por encima del borde superior desde
lo alto, hacia nosotros mismos, en el que nunca podemos participar otra vez,
como un copo de nieve que una vez caído del cielo
durante una nevada para viajar por aquel largo camino ya señalado
hacia el mar, mezclado para siempre, para yacer perdido en su lugar de reposo final.

Para aquéllos que amamos y hemos amado, ¿cómo determinamos meter
en nuestros santuarios sembrados, aquel lugar especial donde se sientan los que
nos han llenado de buenos recuerdos llenos de felicidad, de amabilidad y de calma,
quienes nos amaron una vez sin juzgar, cuyas almas como un salmo
envuelven nuestra vida de paz, serenidad, fortaleza, soledad de espíritu,
júbilo, regocijo, fascinación de las posibilidades que se merecen
el don de nuestra fortaleza para su objeto, así como la vida entera
y sus promesas solemnes a los que en nuestros momentos de ya sea debilidad o
    fortaleza
les daríamos la vida, sin titubeo sin preguntas, sin negarnos,
y nosotros los que nunca le negaríamos la entrada a un alma
    que busca consuelo en su tribulación?

Is love part of the greatest story ever told so long ago with thorns crowning,
a part of Neruda's one hundred love sonnets, or sonnets by the beloved Browning,
or Shakespeare, or part of Keats, or Yeats, or is it what one feels in the mind's eye,
from the hidden meanings of Seferis, or dancing with Zorba, or seeing the blue sky
after realizing someone loves you, or is it in the act of dying in a Russian street
never to touch her sense of love again or to meet,
having lived life while others ruled it, or is it a tragedy
and visceral to give one's life, so in love, as Juliet did for Romeo, or a memory
of someone so special one's heart aches for them to attain
the understanding; in life love passes only once and never again?

In those special sanctums where devotion is the truth tucked away,
and elsewhere, the conflict of loyalty and unpredictable rewards, where sorrows lay
in disappointment, where frequent, polarized affirmations reside and much is
    deceived,
the two are tied, one pious, the other blind to consequences received,
and when expressed no one can interfere with the mind set, labor and fear;
one, an act of love, never changing in life or death against all odds from God near,
the other, sorrowful, weak, a murmur outside the temple,
a confused path full of shadows, silence, not found in those sanctums quite simple,
loyalty is rewarded with affirmations,
devotion is its own self confirmation.

¿Es el amor parte de la historia más grande que se ha contado hace
    tanto tiempo ya coronado de espinas,
una parte de los cien sonetos de amor de Neruda, o sonetos del querido
    Browning,
o Shakespeare, o parte de Keats, o Yeats, o es eso lo que uno siente del
significado oculto de Seferis al percibirlo con los ojos de la mente,
    o de bailar con Zorba, o de ver el cielo azul después de darse
cuenta de que alguien te ama, o es en el acto de morir en una calle rusa
para nunca otra vez llegar a tocar su noción de amor, o de encontrarse,
haber vivido la vida mientras que otros la gobernaban, o es una vulgaridad
visceral dar su vida para uno tan enamorado como Julieta lo estaba
    de Romeo, o un recuerdo
de alguien tan especial que el corazón de uno anhela que ellos logren
comprender; el amor pasa en la vida solamente una vez y nunca más?

En esos santuarios especiales donde la devoción es verdad escondida, y por otra
parte, el conflicto de lealtad con sus recompensas inesperadas, donde los dolores
    yacen
en la desilusión, donde las frecuentes aserciones polarizadas habitan y mucho se
    esconde,
los dos están subyugados, uno piadoso, el otro ciego a las consecuencias recibidas,
y cuando se expresan, nadie puede interferir en sus opiniones, en la dificultad
    y en el temor,
uno, el acto de amor cerca a Dios que nunca cambia ni en la vida ni en la muerte
    contra viento y marea,
el otro, doloroso, débil, un murmullo fuera del templo,
el sendero confuso, lleno de sombras, de silencio, no se encuentra
    en realidad en esos santuarios,
la lealtad se recompensa con las afirmaciones,
la devoción es su propia confirmación.

I have known childhood and all its happiness, perceptions, curiosity,
adolescence and all its raging torrent of emotions, confusions and religiosity,
young adulthood with all its crushing disappointments and inner folds,
what the real beginning of learning meant and the long wisdom roads,
the sacrifice of studying those who went before me in stead,
to have known and missed that military walk and her red head,
but the sum of what I have known has only helped my flight
into the stars that are themselves brilliant suns in their own right,
for safely riding atop the crossed wings of a dove
has taught me that life's purpose within those special sanctums is love.

He conocido la niñez y toda su felicidad, sus percepciones, curiosidad,
la adolescencia y todo su torrente enrabiado de emociones, confusiones y
    religiosidad,
la juventud con todas sus decepciones devastadoras y los pliegues internos,
lo que el verdadero inicio del aprendizaje significaba y los caminos largos de la
    sabiduría,
el sacrificio de estudiar a los que existieron antes de mí y en vez de mí,
de haber conocido y no haberme fijado en ese paso militar y su cabello pelirrojo,
pero la suma de lo que he aprendido ha solamente ayudado mi vuelo
hacia las estrellas que son ellas mismas soles brillantes,
para montar seguro encima de las alas cruzadas de una paloma
me ha enseñado que la razón de la vida dentro de esos santuarios singulares es
    el amor.

Often in daydreaming of you, you become real,
so vivid my thoughts are clear,
then, slipping in and out of transcendence and feel,
reaching out to touch you without fear,

I imagine the soft curves and virgin birth,
the planting of memory in our sentiments,
growing from our soul's moist earth,
up and out from who we are or are meant,

in a place of rhythm and dance,
so we can move, in, through and around
each other taking that one big chance,

again that resembles the calm
of our inner solitude found,
to meet in dreams whispering our psalm.

RECORDAR

A menudo, cuando sueño despierto contigo, te haces realidad,
tan viva que mis pensamientos son claros,
luego, entro y salgo de un estado trascendental y de pura sensación,
intento tocarte sin miedo,

Imagino las curvas suaves y el nacimiento virgen,
sembrar en la memoria de nuestros sentimientos,
que crece de la tierra húmeda de nuestra alma,
hacia el exterior de lo que somos o deberíamos de ser,

en un lugar de ritmo y danza,
para que podamos movernos, hacia el interior, a través y alrededor
de cada uno atreviéndose,

de nuevo que se asemeja la calma
de nuestra interna soledad descubierta,
para encontrarnos en nuestros sueños mientras susurramos nuestro salmo.

Afterword

I wrote these poems on Maui, the high desert of Oregon, the Oregon Coast, the mountains and rivers of Idaho, and walking the forests of Montana. They were conceived and given birth at a time in my life that was particularly tragic. We all go through these times in our own ways. Out of despair and a desire to understand the meanings of the myths we live by, come hope and a promise, a promise of anticipation. They have given me comfort to meet life as it comes, with intensity and love. They express my sentiments for those I do love and those remembered.

The brain is hard wired in some respects, but has an adaptability that is sometimes voluntary and sometimes involuntary. When these paths cross one is not under that much control of thinking and rationality becomes, well, different. It is that difference I have tried to express in these poems. They are an example of the route and process one travels involuntarily to an end of peace within. Loss, grief, the sometime differences between men and women, reticence, language and reason, or reason that appears to be reason, fear of being loved, fear of commitment, fear of the truth and fear of expressing oneself are common themes in life. We have all traveled these routes sometime before, are doing so now, or will. Out of the abrupt emotional shift, whatever the cause, hopefully comes a resolution. In sharing my path with you, perhaps your path will be in the end graced with understanding and character.

Reflection helps a poet's art. Passage of time clarifies life within, out of which emotion finds a route through the maze of trauma in the brain. These poems have several different forms, and to the discerning eye, some may dismiss them as an amateur trying his best. All poets and writers are amateurs. Our venture in life is a path we travel along only once. There are no second chances, only those chances we deem valuable at the moment to catch, polish, and offer the world a glimpse of what we thought and happened. There is nothing wrong with offering up to the altar, for everyone to see, that you believe someone special will always be in the words of Keats, "The Halo of my memory."

Epiligo

Escribí estos poemas en Maui, en el desierto alto de Oregón, la costa de Oregón, en las montañas y ríos de Idaho, en mis caminatas por los bosques de Montana. Se concibieron y nacieron durante un período particularmente trágico de mi vida. Todos atravesamos por estos momentos a nuestra propia manera. De la desesperación y el deseo de entender el significado de los mitos por los cuales vivimos, surgen la esperanza y una promesa, promesa de anticipación. Estos mitos me han reconfortado para enfrentar la vida tal como llegue, con intensidad y amor. Expresan mis sentimientos hacia aquellos seres que amo y a los que recuerdo.

El cerebro tiene conexiones establecidas en algunos respectos, pero tiene una adaptabilidad que es a veces voluntaria y a veces involuntaria. Cuando estos senderos se cruzan, uno no tiene completo control de su pensamiento y raciocinio, se vuelve, pues, diferente. Esta diferencia es la que he tratado de expresar en estos poemas. Son un ejemplo de la ruta y el proceso por el que uno viaja involuntariamente hacia un final de paz interna. La pérdida, el dolor, las fortuitas diferencias entre hombre y mujer, la reserva, el lenguaje y la razón, o razón que aparenta ser razón, el miedo a ser amado, miedo al compromiso, miedo a la verdad, el miedo a expresarse son temas comunes en la vida. Todos hemos viajado por estos senderos en algún momento del pasado, en el presente, o en un momento en el futuro. Del abrupto cambio emocional, cualquiera que sea la causa, con esperanza llega una resolución. Al compartir mi senda contigo, quizás la tuya, al final, se te favorecerá con entendimiento y carácter.

La reflexión ayuda al poeta en su arte. El paso del tiempo esclarece la vida interior, de la cual la emoción encuentra un camino a través del laberinto del trauma del cerebro. Estos poemas tienen diversas formas, y algunos pueden descartarlos como los de un aficionado que hace lo mejor que puede. Todos los poetas y escritores son aficionados. Lo que eleva un poco su categoría es el hecho de que hayan escrito algo para que todos lo vean y lo experimenten. Nuestra aventura por la vida es una senda que viajamos una sola vez. No hay segundas oportunidades, sólo aquéllas que estimamos de valor en un momento determinado para atrapar, pulir, y ofrecer al mundo un vislumbre de lo que pensamos, y de lo que ocurrió. No hay nada malo en hacer una ofrenda ante el altar, para que todos vean que uno cree que alguien especial siempre será, como lo dice Keats, "La Aureola de mi memoria."

Translator's Note*

One can live in the same city and never meet, and that is ordinary. One can live in the same neighborhood and never meet, and that is also ordinary. But to translate the works of a man who lived in the same neighborhood, went to the same school with the same people I knew, yet never met, that is extraordinary. Extraordinary is also the precise word that describes Douglas Anderson —a doctor, musician, poet, humanitarian, philosopher and athlete—a true renaissance man who writes in prose about life — his life. In these poems, life comes alive in words meticulously chosen for their ability to express feelings, thoughts, regrets, sorrows and joy—the myriad of emotions that are woven in the tapestry that is human experience.

It is never easy to translate literary works into another language, and much more difficult when the work entails deep emotions with various layers of meanings, subtleties and nuances.

When I was asked to translate the poems of a doctor, I had no idea what a journey I was about to embark because after several meetings with the author discussing the meaning and background of each poem, I got to know a beautiful and sensitive human being.

I chose to translate this literary piece using standard Spanish and adhering as close as possible to the original words used by the author. When I was unsure as to what word to use I asked the author for what he meant to say with that word.

I hope I have succeeded in translating these poems and retaining the depth and richness of their meaning and whoever reads them in Spanish will find the same pleasure as I found reading and translating the work of this poet.

* Ivan Mancinelli—Franconi PhD was born in Chile and educated in the United States. He is a social psychologist and university professor residing in Vancouver, Washington.

Nota del Traductor*

Uno puede vivir en la misma ciudad y nunca conocerse; eso es común. Uno puede vivir en el mismo barrio y nunca conocerse; eso es también algo común. Sin embargo, traducir la obra de un hombre que vivió en el mismo barrio, asistió a la misma escuela y conoció a la misma gente que yo conocí, y que a pesar de eso nunca nos conociéramos, eso si que es extraordinario. Extraordinario es también encontrar la palabra exacta que describe a Douglas Anderson — doctor, músico, poeta, humanitario, filósofo y atleta—un verdadero hombre del renacimiento que escribe en prosa sobre la vida—su vida. En estos poemas, la vida cobra nueva vida en las palabras escogidas meticulosamente gracias a su capacidad de expresar las sensaciones, pensamientos, pesares, dolores y alegrías—la miríada de emociones tejidas en el tapiz que es la experiencia humana.

Nunca es fácil traducir obras literarias a otro idioma, y es mucho más difícil cuando la obra implica profundas emociones con varios niveles de diversos significados, sutilezas y matices.

Cuando me pidieron traducir los poemas de un doctor, no tenía ni la más mínima idea en qué viaje me estaba a punto de embarcar. Después de varias reuniones con el autor para discernir el significado y el trasfondo de cada poema, me familiaricé con un hermoso y sensible ser humano.

Opté por traducir esta obra literaria en español estándar adhiriéndome los más cercano posible a las esencia que expresan las palabras del autor. Cuando no estaba seguro de la palabra adecuada consulté al autor sobre la idea, imagen, o metáfora que quería expresar con esa palabra.

Espero haber tenido éxito al traducir estos poemas y conservado la profundidad y la riqueza de sus diversos significados y quienquiera que los lea en español encuentre el mismo placer que yo encontré al leer y traducir la obra de este poeta.

---

*Ivan Mancinelli—Franconi Ph.D., nació en Chile y se educó en los Estados Unidos. Él es psicólogo social y profesor universitario radicado en Vancouver, Washington.

www.ingramcontent.com/pod-product-compliance
Lightning Source LLC
Chambersburg PA
CBHW022304060426
42446CB00007BA/587